新定番

メールの英語フレーズ 1000

CPI Japan 編
シーピーアイ ジャパン

the japan times 出版

　長かったコロナ禍も明け、日本のさまざまな場所で、多くの外国人観光客を目にする機会が増えてきました。時を同じくして、ビジネスの世界でも、グローバル化（globalization）が進み、海外企業とのやりとりもこれまで以上に広く行われています。日本国内を見ると、英語を公用語として用いる企業も増えてきています。しかし一方で、「英語で」「ビジネスメールを書く」ことにはまだまだ抵抗を感じている方も多いように見受けられます。

　時に「英語には敬語がない」などと言われることもありますが、もちろんそんなことはありません。英語でも日本語と同様に、ビジネスの場で用いるべき丁寧な表現や言い回しが数多くあります。時・場所・相手との関係性を正しく読むことができず、相手から失礼な対応を受けたり、逆に相手にしてしまったりしたことはありませんか？　それはビジネスパーソンが使うべき場面にふさわしい表現を欠いていたのが原因かもしれません。

　昨今のコミュニケーション重視の風潮から、流暢に外国人と会話ができることが英語力の指標であるかのように感じることもあります。ですが、『The Washington Post』や『TIME』、『The Economist』といった欧米の一流紙・雑誌で扱われるような、しっかりした英文を正確に読みこなし、自分のものとして使いこなせることこそが、より重視されるべきなのです。

本書では、「英文を正確に読み、自分のものとして使いこなす」ことに焦点を当てました。ビジネスで想定されるさまざまな場面にふさわしい表現や、その言い換え表現を多数紹介しています。定型表現だけでなく、standard な場面、casual な場面それぞれで使える応用例も紹介しているのが特長です。

　ぜひ本書を活用し、ビジネスで通用する英語力に磨きをかけてください。本書を参考に、今後一人でも多くの方が自然に「ビジネス英語」を操り、それが新たなビジネスチャンスへとつながることを心より願っています。

CPI Japan を代表して
日本大学国際関係学部准教授
熊木秀行

Contents

Chapter 6 | 社内での業務・イベント

Chapter 7 | 知っておきたいフレーズ

Chapter 8 | SMS やチャットのやりとり

装幀　GRiD 八十島博明
編集協力　Onda Sayaka (BOOK PLANT)
本文デザイン・組版　清水裕久 (BOOK PLANT)

　本書は「英文メール」のフレーズを集めた本です。ビジネスでよくあるシーンごとに英語らしい表現を 8 つの Chapter、65 の Unit に分けて紹介しています。

Chapter 1 〜 Chapter 7

　それぞれの Chapter で主役となる企業が登場し、取引先や社内など、現実感のある場面を再現しています。❶英文メールと和訳、また、メール文中でピックアップした❷言い換えフレーズを紹介しています。💬 はチャットや口語でも使えるカジュアルな表現です。（❶のみ紹介している場合もあります。）

❸関連語句  や❹その他の言い換え表現 も合わせてチェックしてください。

Chapter 8

チャットなどのテキストメッセージのやりとりを紹介しています。同じやりとりのメールバージョンもあります。

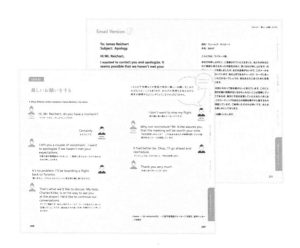

Subject: Food show ——— ❶ 件名（Subject line）

Dear Mr. Perry, ——— ❷ 冒頭（Opening line）

My name is Kenji Sato, and we had the
pleasure of meeting at the recent food show
in America last month. We had an informative
conversation about the current food industry
and consumer demands in the US. After
getting back to Japan, I had some meetings
at my company, and we have decided to
export Japanese beef to your country. From
now on, I would like to exchange information
with you via email. Lastly, I have attached
our company information for your review. If
you have any questions, please feel free to
contact me anytime.

I hope to see you again soon.

❸ 本文（Body）

Best regards, ——— ❹ 結句（Closing）
Kenji Sato
Sales ——— ❺ 署名（Signature）

件名：フードショー

ペリー様、

佐藤健二と申します。先月、アメリカで開催されたフードショーでお会いでき、大変うれしく存じます。アメリカの食品業界の現状や消費者の需要などについて、有益な話し合いをさせていただきました。日本に帰国後、弊社で幾度かミーティングを重ね、日本産牛肉を米国に輸出することになりました。今後、メールで情報交換をさせていただければ幸いです。最後に、弊社の資料を添付いたしますので、ご確認ください。ご質問等ございましたら、いつでもご連絡ください。

それでは、またお会いできることを楽しみにしております。

よろしくお願い申し上げます。
佐藤健二
営業部

英文メールは、①件名（Subject line）、②冒頭（Opening line）、③本文（Body）、④結句（Closing）、⑤署名（Signature）で構成されます。

❶ 件名（Subject line）

なるべく具体的に書くといいでしょう。左ページのメールの件名 Food show の代案としては、次のようなものが考えられます。強調のため、単語を大文字で始めることもあります。

Tasty event
Food exhibition
Follow-Up from Food Show

相手とのビジネスを見込み、次のような件名にしてもいいでしょう。

Food Partnership
US Food Industry
About Japanese Beef Export
Regarding our Informative Conversation

---

❷ 冒頭（Opening line）

メールを送る相手の名前を入れます。名前がわからない場合には **Dear Sir/Madam,** や **Respectful Greetings,**（ごあいさつ申し上げます）がいいでしょう。

フォーマルにしたいなら、**Dear［相手の名前］,** や **To Whom It May Concern,**（ご担当者様、関係各位）が無難

です。近しい関係なら、**Dear Victor,** のように、Dear のあと
にファーストネームを続けてもいいでしょう。

❹ 結句（Closing）

結句にはさまざまなバリエーションがあります。サンプルメー
ルの Best regard, は一般的なもの。以下の結句を使うと、より
フォーマルになります。日本語の「よろしくお願いいたします」
のニュアンスと考えておきましょう。

> Sincerely,
> Sincerely yours,
> Kind regards,
> Yours faithfully,
> Respectfully,
> Yours truly,

❺ 署名（Signature）

最後に自分の名前を入れます。日本人の名前になじみのない
相手のために、**Kenji SATO** と名字を大文字にしたり、**Kenji
Sato (Mr.)** のように性別を示す配慮をしてもいいでしょう。

部署名や職位の英語表記については、116 ページの部署名・
職位の英語表記を参考にしてください。

それでは、❸ 本文（Body）について、さまざまな場面の表現
を見ていきましょう。

Chapter 1
新規プロジェクトの提案

Main Story

日本の貿易会社、ミドリ通商（Midori Trading Co.）の佐藤健二さんは、アメリカで行われた食品見本市で食品流通会社エリートコースト・トレーディング社（Elitecoast Trading Co.）の営業部長ウォルター・ペリー（Walter Perry）さんと知り合い、日本産の牛肉をアメリカへ輸出するプロジェクトを進めることになりました。

アポイントを取る

To: garyjones@elitecoasttrading.net
Subject: Setting Up An Appointment

Dear Mr. Gary Jones,

I trust this message finds you well. ①I am writing to express my interest in arranging a meeting with you, ②the esteemed* president of your renowned* food distribution company in the United States.

I come with a story and a vision that aligns closely with your expertise in the industry. ③The purpose of this meeting is to discuss collaborations that can affect the success of your business. I am aware of the value of your time and would be more than willing to meet at your earliest convenience.

I am excited about exploring how our collective efforts can impact our companies. Please let me know a date and time that works best for you, and I will make the necessary arrangements.

Kind regards,
Kenji Sato
Midori Trading

営業部長のペリーさんと交渉を続けてきた佐藤さんは、エリートコースト・トレーディング社の社長との面談のアポイントを取ることになりました。

宛先：garyjones@elitecoasttrading.net
件名：お約束の設定

ギャリー・ジョーンズ様、

お元気でお過ごしのことと存じます。このたびは、米国で ②名高い食品流通会社の尊敬を集める社長である ①あなたとの面談をぜひ実現させたく、ご連絡を差し上げました。

私は、この業界におけるあなたの専門知識と非常に近い考えとビジョンを持っております。③今回の面談の目的は、貴社のビジネスの成功に影響を与えるような共同事業について話し合うことです。あなたの貴重な時間をいただくことになるのは承知しておりますので、ご都合がつき次第お会いできれば幸いです。

私たちが協力して事業に取り組むことで、どのような影響があるのか探求できると胸踊る気持ちです。ご都合の良い日時をお知らせくださいましたら、必要な手配をいたします。

よろしくお願い申し上げます。
佐藤健二
ミドリ通商

＊esteemed　尊敬されている
＊renowned　有名な、著名な

❶

I am writing to express my interest in arranging a meeting with you.

あなたとの面談をぜひ実現させたく、ご連絡を差し上げました。

⇄ I am reaching out to convey my interest in coordinating a meeting.

ぜひ面談を調整させていただきたく、ご連絡しました。

⇄ I am writing to formally express my interest in organizing a meeting with you.

あなたとの面談を設定させていただきたい旨を正式にお伝えしたく、メールを差し上げました。

⇄ The purpose of this correspondence is to indicate my interest in arranging a meeting.

今回ご連絡した目的は、面談を設定させていただきたいという希望をお伝えすることです。

❷

You are the esteemed president of your renowned food distribution company.

あなたは名高い食品流通会社の尊敬を集める社長です。

⇄ You are the respected president of a well-known food company.

あなたは有名な食品会社の尊敬される社長です。

🔁 You are the president of an established food supply company.

あなたは老舗食品供給会社の社長です。

💬 チャットや口語でも使える関連表現

🔁 You lead a well-known food distribution business*.

あなたは有名な食品流通企業を率いています。

＊business ここでは「企業、会社」という意味。

❸

The purpose of this meeting is to discuss collaborations.

今回の面談の目的は、共同事業について話し合うことです。

🔁 Our aim of this meeting is to talk about a collaborative relationship.

この会議でのわれわれの目的は、協力関係について話し合うことです。

🔁 Our goal is to sign a partnership agreement in this meeting.

私たちの目標は、この会議でパートナーシップ契約を結ぶことです。

💬 チャットや口語でも使える関連表現

🔁 We want to collaborate with your company.

弊社は貴社と共同で取り組みたいと思っています。

🔁 Let's get into a discussion about our collabo.

われわれのコラボレーションについて話し合いを始めましょう。

提案する①（供給サイドから）

To: perry@elitecoasttrading.net
Subject: Discussing a Discount

Dear Mr. Perry,

❶I would like to make an offer regarding the volume discount for Japanese beef. I propose a discount rate of 4.75%. I believe this will position us competitively in the market. ❷It would be great if you could accommodate* this request.

I am excited to hear your thoughts on this offer and to refine our collaboration during our upcoming meeting. Thank you for your fast responses and continued help. If you have any questions, please let me know. I look forward to speaking again soon.

Best regards,
Kenji Sato

エリートコースト・トレーディング社へ定期的に日本産牛肉を提供する取引を成立させるため、佐藤さんは大量購入の割引を提案します。

宛先：perry@elitecoasttrading.net
件名：割引についての話し合い

ペリー様、

日本産牛肉の ① 大量購入割引について、提案をさせていただきたいと思います。私からは 4.75 パーセントの割引率を提案します。これにより市場での私たちの競争力を高めることができると考えています。② この要望に応えていただけると幸いです。

この提案についてのご意見を伺い、今度のミーティングで私たちの共同事業をさらに良いものにしていけると楽しみにしています。迅速なご対応と変わらぬご協力、ありがとうございます。何かご質問がありましたらお知らせください。また近いうちにお話しできることを楽しみにしています。

よろしくお願いいたします。
佐藤健二

＊accommodate（要望など）に応える、応じる

❶

I would like to make an offer regarding the volume discount.

大量購入割引について、提案をさせていただきたいと思います。

....

🔁 I would like to make a proposal about the quantity discount.

数量割引について提案をさせていただきたいと思います。

....

🔁 I would like to make a take-it-or-leave-it offer* for a discount on a large quantity.

数量が多い場合の割引について、最終提示をさせていただきたいと思います。

> *take-it-or-leave-it offer 最終的な提案。命令文や You can の後に take it or leave it を続けると「(提示額で) 買うか否か」という意味になる。

....

🔁 I would like to make a definitive offer in terms of the volume concession.

大量購入割引に関し、最終提案を出させていただきたいと思います。

💬 チャットや口語でも使える関連表現

🔁 **This is my last proposal regarding the discount.**

これが値引きに関する最後の提案です。

....

🔁 **This is my last offer. Take it or leave it.**

これが私からの最後の提案です。交渉の余地はありません。

🔍 関連語句

提案 **proposal**（問題解決のためなど積極的な）提案
proposition（主にビジネス上の正式な）提案
offer（協力や援助、値引きなどの）提案

❷

It would be great if you could accommodate this request.

この要望に応えていただけると幸いです。

⇄ It would be wonderful if you could accept this offer.

この提案を受けていただけるとうれしいです。

⇄ It would be helpful if you could meet this request.

この要望に応じていただけると助かります。

⇄ I would greatly appreciate it if you could accept this request.

この依頼を引き受けてくださると大変ありがたいです。

💬 チャットや口語でも使える関連表現

⇄ If you think over our request, it will be appreciated.

私どもの要望をご検討いただければ幸いです。

⇄ Much appreciated if you could accept this request.

この依頼を引き受けていただけると大変ありがたいです。

⇄ Much appreciated if you said yes to this.

承諾していただけると大変ありがたいです。

提案する②（購入サイドから）

To: k-sato@midoritrading.co.jp
Subject: Price of Japanese beef

Dear Mr. Sato,

Thanks for your March 9 chat on price. ❶I am emailing you about a proposal to buy Japanese beef at 6% below market price. I know that price may be difficult for you. However, we believe that it would still be profitable for your company since we are willing to buy in large quantities. Your profits would come from our volume purchases.

The details are attached, but ❷the upshot* is that you would have a major buyer and distributor for the meat that you could supply. We would distribute the food products in the Americas, the European Union, and the Middle East.

I hope that you can come back to* us with a positive reply to this offer, so that we can begin a great business relationship.

Sincerely yours,
Walter Perry

ペリーさんはミドリ通商との日本産牛肉の取引について、
佐藤さんに値下げの検討を依頼します。値下げに対応す
るメリットを説明しなければなりません。

宛先：k-sato@midoritrading.co.jp
件名：日本産牛肉の価格

佐藤様、

3月9日の価格についてのチャット、ありがとうございました。❶日本
産牛肉を市場価格より6パーセント安く購入する提案について、メー
ルを差し上げています。この価格が難しいかもしれないのは承知して
います。しかし、弊社は大量購入を前向きに考えておりますので、貴社
にとって利益になるものと確信しております。当社の大量購入から貴
社に利益がもたらされるはずです。

詳細は添付の通りですが、❷要するに、貴社は食肉を供給できる大口
の買い手と流通業者を得られるということです。弊社はアメリカ大陸、
欧州連合それに中東で食品を流通します。

この提案に前向きなお返事をいただき、素晴らしいビジネス関係を築
けることを願っております。

よろしくお願いいたします。
ウォルター・ペリー

＊upshot 要点、要約
＊come back to ～　～に詳細情報や提案と共に返信する

❶

I am emailing you about a proposal to buy Japanese beef at 6% below market price.

日本産牛肉を市場価格より 6 パーセント安く購入する提案について、メールを差し上げています。

⇄ I am writing to you regarding a suggestion to acquire Japanese beef at a discount of 6% from the current market price.

日本産牛肉を現在の市場価格より 6 パーセント割引して購入する提案について、メールを差し上げています。

⇄ I am reaching out to discuss an offer concerning procurement* of Japanese beef at a 6% reduction from the market price.

日本産牛肉を市場価格の 6 パーセント引きで調達する提案について、相談させていただきたくご連絡いたしました。

＊procurement 調達

⇄ This email pertains to* a proposition for the purchase of Japanese beef at a 6% discount from the market price.

このメールは、日本産牛肉を市場価格の 6 パーセント割引で購入する提案に関するものです。

＊pertain to 〜 〜に関連する

❷

The upshot is that you would have a major buyer and distributor for the meat that you could supply.

要するに、貴社は食肉を供給できる大口の買い手と流通業者を得られるということです。

. . . .

🔁 The main point is that you would have a major buyer and distributor.

要点は、貴社は大口の買い手と流通業者を得られるということです。

. . . .

🔁 The key point is whether you could find a major buyer and distributor.

重要なポイントは、貴社が大口の買い手と流通業者を見つけられるかどうかということです。

💬 チャットや口語でも使える関連表現

🔁 The thing is whether you could find a major buyer.

肝心なのは、貴社が大口の買い手を見つけられるかどうかです。

. . . .

🔁 Finding a major buyer is a big concern for us.

大口の買い手を見つけることが弊社にとっての大きな関心事です。

⚠ Note

欧米では、メールの本文を 1 ～ 2 段落以内にまとめるのが理想的です。提案の詳細な資料（スプレッドシート、正式文書、視覚資料など）は全て添付しましょう。

添付資料に関するフレーズ

資料の添付を知らせる

I have attached an addendum on logistics.

ロジスティクスに関する補足資料を添付します。

I have attached a supplementary document on distribution for your review.

確認用として物流に関する補足資料を添付します。

Please see the attached addendum on logistics.

添付のロジスティクスに関する補足資料をご覧ください。

Please review the support documentation on the logistics I have attached.

添付したロジスティクスに関する補足資料をご確認ください。

See the attached. 💬

添付をご覧ください。

Check the file attached. 💬

添付のファイルをご確認ください。

関連語句

補足資料　addendum （本などの）補足事項、付録
appendix （本の巻末などの）付録
supplementary 補足された物

メールに資料を添付することはよくあります。また、添付された資料が間違っている、ファイルに問題がある、といったことも起こりうることです。

■ あるはずの添付資料がない

You wrote that you sent the attachment, but I can't find it.

添付ファイルを送っていただいたとのことですが、見当たりません。

I am afraid that nothing is attached to this email.

このメールには何も添付されていないようです。

I am sorry, but no files are included with this email.

申し訳ありませんが、このメールにファイルは添付されていません。

■ 添付資料がうまく開かない

I cannot open the attached file. Please resend it.

添付ファイルが開けられません。再送してください。

The attached file cannot be opened. Could you please send it again?

添付ファイルが開けられません。もう一度送っていただけますか。

I cannot access the file. Could you send it again, please?

ファイルにアクセスできません。もう一度送っていただけませんか。

質問に回答する

To: perry@elitecoasttrading.net
Subject: Re: Questions

Dear Mr. Perry,

Thank you for your email of 4/21. I have the answers to your questions below:

Beef price per kilogram:
①We want a fixed price per kilogram of beef, regardless of daily market price.
We may be willing to adjust this price on December 31.

Shipping:
We can share responsibility for shipping the products to your designated distribution centers, whether in the US or elsewhere.

Relevant updates:
②We will keep you informed of any significant changes to beef quality, availability, regulations, or consumer trends.

I hope this reply helps. If you have any other questions, just let me know.

Sincerely,
Kenji Sato

佐藤さんは、牛肉の価格や出荷についての問い合わせに回答します。

宛先：perry@elitecoasttrading.net
件名：Re: 質問

ペリー様、

4 月 21 日のメール、ありがとうございました。ご質問に対する回答は以下の通りです。

牛肉のキログラムあたりの価格

① 日々の市場価格に関係なく、牛肉 1 キログラムあたりの固定価格を希望します。12 月 31 日にこの価格を調整できるのではないかと考えております。

出荷

米国内あるいは他地域を問わず、貴社指定の配送センターへの商品出荷の責任の一部を分担することが可能です。

関連する最新情報

牛肉の品質、在庫、規制、消費者の動向に ② 大きな変更があった場合は随時お知らせいたします。

この返信がお役に立てば幸いです。他にご質問がありましたらお知らせください。

よろしくお願いいたします。
佐藤健二

①

We want a fixed price per kilogram of beef, regardless of daily market price.

日々の市場価格に関係なく、牛肉1キログラムあたりの固定価格を希望します。

⇄ We want a firm price per kilogram of beef without regard to the daily market price.

日々の市場価格に関係なく、牛肉1キログラムあたりの固定価格を希望します。

⇄ We want to decide on a regular price per kilogram of beef not to be affected by the market price.

市場価格に左右されない牛肉1キログラムあたりの定価を決めたいと考えています。

💬 チャットや口語でも使える関連表現

⇄ We want a fixed price for the beef.

牛肉については固定価格を希望しています。

⇄ Please let me know the fixed price per kilogram of beef.

牛肉1キログラムあたりの固定価格を教えてください。

⇄ Please give me a firm price for the beef.

牛肉の確定価格を教えてください。

❷

We will keep you informed of any significant changes.

大きな変更があった場合は随時お知らせいたします。

⮃ We will give you updates on anything major that happens.

何か重大なことがあれば最新情報をお伝えします。

⮃ If something important changes, we will inform you.

重要な変更があった場合はお知らせします。

⮃ You can count on* us to let you know if anything substantial occurs.

何か重大なことが生じた場合はお知らせしますのでご安心ください。

＊count on 〜　〜を当てにする、頼りにする

💬 チャットや口語でも使える関連表現

⮃ We'll let you know if anything big happens.

何か重大なことが起きたらお知らせます。

⮃ We'll keep you updated on important developments.

重要な進展については随時お知らせします。

⮃ We'll share any important adjustments with you.

重要な調整事項があれば共有します。

課題を伝える

To: k-sato@midoritrading.co.jp
Subject: Re: Meeting Agenda and Next
Steps

Dear Mr. Sato,

I appreciate your proposal regarding our meeting's agenda. I am excited about the potential of distributing Japanese beef in the US. However, I believe ①it is important to address some fundamental aspects before discussing shipping dates.

To begin, let's finalize product specifications, determine the correct volume, and establish pricing strategies. Once we have these fundamentals in place*, we can delve into* logistics, including shipping dates.

I believe ②this approach will lead to a more productive discussion during our meeting. Your understanding and cooperation is greatly appreciated. Please share your thoughts, and we can move forward on these essential aspects.

Best regards,
Gary Jones, President

商品の出荷時期を決めたい佐藤さんに対して、ジョーンズ社長は先に決めておくべきことがあると伝えます。

宛先：k-sato@midoritrading.co.jp
件名：Re: 会議の議題と次のステップ

佐藤様、

会議の議題についてご提案いただき、感謝申し上げます。米国での日本産牛肉流通の可能性に大きな期待を抱いています。しかしながら、❶出荷時期について議論する前に、いくつか基本的な点に取り組むことが重要だと考えています。

まず、商品の仕様を確定し、適正な量を決定し、価格戦略を確立させましょう。これらの基本事項をきちんと整えておけば、出荷日を含めたロジスティクスを掘り下げて考えることができるでしょう。

❷このアプローチで、私たちの会議での議論がより生産的になるはずです。ご理解とご協力をお願いいたします。どうぞご意見を共有していただき、欠くことのできないこれらの面について前進していければと思います。

何卒よろしくお願いいたします。
代表取締役社長　ギャリー・ジョーンズ

＊in place　適切に、きちんと
＊delve into ～　～を掘り下げる、精査する

❶

It is important to address some fundamental aspects before discussing shipping dates.

出荷時期について議論する前に、いくつか基本的な点に取り組むことが重要です。

⇄ It is important to work on some elemental aspects before deciding on shipping dates.

出荷日を決める前に、いくつか基本的な側面を検討することが重要です。

⇄ It is crucial to deal with some basic points before fixing the shipping dates.

基本事項に対処してから、出荷日を確定することが極めて重要です。

⇄ It is significant to cope with some basic points before talking about delivery dates.

納期について話をする前に、基本事項に対処することがとても大切です。

💬 チャットや口語でも使える関連表現

⇄ Let's tackle some important points besides shipping dates.

出荷日以外の重要な点に取り組みましょう。

⇄ I want to decide some important points in advance.

いくつか重要な点を事前に決めておきたいです。

This approach will lead to a more productive discussion.

このアプローチで、議論がより生産的になるでしょう。

This approach will generate a more beneficial discussion.

このアプローチにより、さらに有益な議論になるでしょう。

This step will bring forth a more constructive discussion.

このステップを踏むことで、議論がより建設的になるでしょう。

This method will produce a more valuable discussion.

この方法によって、より価値のある議論になるでしょう。

💬 チャットや口語でも使える関連表現

This will make our meeting more productive.

これで私たちの会議がもっと生産的になります。

This must be a more productive way for both of us.

これはお互いにとってより生産的な方法に違いありません。

🔍 関連語句

課題　**agenda** (検討すべき) 課題、実施計画

issue 重要な問題点、争点

subject 議論などの主題、テーマ

オンライン会議について知らせる

To: asiabuyersgroup@elitecoasttrading.net
Subject: May 9 Videoconference Meeting

Dear All,

At the bottom of this email, please find the links that will take you directly to the May 9 videoconference. ①Please click "accept meeting" to confirm your attendance.

Use your company email as your username and the password given below to enter the meeting. You do not have to download any software, but ②it is always best to sign in early to become familiar with the features and settings. It is especially important to make sure that your microphone and camera are operating normally.

You can sign into the meeting from almost any device. If you have any technical problems before or during the meeting, please let me know.

http://www.goconferenceonline.com/group

Sincerely,
Kenji Sato

佐藤さんは、エリートコースト・トレーディング社のアジア
担当バイヤー班にオンライン会議について知らせます。

宛先：asiabuyersgroup@elitecoasttrading.net
件名：5月9日のビデオ会議

各位、

本メール下部の、5月9日のビデオ会議へ直接アクセスできるリンク
をご確認ください。❶「会議の承諾」をクリックして出席をご承認くだ
さい。

本会議に参加するには、ユーザー名に会社のEメールを、また以下に
記載されたパスワードをお使いください。ソフトウェアをダウンロー
ドする必要はありませんが、❷早めにサインインして機能や設定に慣
れておくことをお勧めします。マイクとカメラが正常に作動しているの
を確認することが特に重要です。

ほぼどのデバイスからでも会議にサインインできます。会議前や会議
中に技術的な問題がありましたら、私にお知らせください。

http://www.goconferenceonline.com/group

よろしくお願いいたします。
佐藤健二

①

Please click "accept meeting" to confirm your attendance.

「会議の承諾」をクリックして出席をご承認ください。

....

🔁 To confirm your attendance, please select the "accept meeting" option.

出席を承認するには、「会議の承諾」を選択してください。

....

🔁 Kindly select "accept meeting" to confirm your attendance and participation.

「会議の承諾」を選択して、出席と参加をご承認ください。

....

🔁 Please select "accept meeting" to officially confirm your participation.

正式に参加を承認するには「会議の承諾」を選択してください。

💬 チャットや口語でも使える関連表現

🔁 To confirm you'll be there, please hit "accept meeting."

出席を承認するには、「会議の承諾」をクリックしてください。

....

🔁 Just click "accept meeting" to let us know you're coming.

「会議の承諾」をクリックして、参加をお知らせください。

....

🔁 To let us know you're attending, simply click "accept meeting."

「会議の承諾」をクリックして、出席をお知らせください。

❷

It is always best to sign in early to become familiar with the features and settings.

早めにサインインして機能や設定に慣れておくことをお勧めします。

....

🔁 It is always best to log on early to know the features and settings.

早めにログインして機能や設定を把握しておくことをお勧めします。

🔁 It is always best to access early to get used to the features and settings.

早めにアクセスして機能や設定に慣れておくことをお勧めします。

💬 チャットや口語でも使える関連表現

🔁 Please sign in early to learn how to use videoconference.

早めにサインインしてビデオ会議の使い方に慣れておいてください。

....

🔁 You are asked to log in ASAP*.

できるだけ早くにログインしてください。

*ASAP as soon as possible（できるだけ早く）の略。

⚠Note

佐藤さんのメールは、明確で簡潔、そして礼儀正しいものです。これは国際的なビジネスメール、特に上級管理職が関与するようなケースにふさわしいものと言えます。メールに限ったことではありませんが、どの程度の礼儀正しさが必要かは慎重に見極めましょう。判断が難しい場合は、フォーマル過ぎるくらいのレベルで始め、必要に応じて後で調整していくとよいでしょう。

契約の条件を伝える

To: perry@elitecoasttrading.net
Subject: Final Offer

Dear Mr. Perry,

①We had long internal discussions in our C-suite*. Now ②we are prepared to make a final offer of a 6% discount on volume purchases of Japanese beef. We can keep this offer open to you until 11:59 US Pacific Time on June 12.

We believe that ③we have agreed on all the other parts of a potential contract, so this is the last issue to resolve. We are confident that you will see the clear value in our offer, which you will not find anywhere else in Japan.

We hope that you will agree to this special offer so that we can move forward together. We look forward to your positive reply.

Sincerely yours,
Kenji Sato

エリートコースト・トレーディング社とミドリ通商の契約成立まであと一息です。佐藤さんは価格の割引率の最終提案をします。

宛先：perry@elitecoasttrading.net
件名：最終のご提案

ペリー様、

❶弊社の経営陣の間で長い間議論を重ねてきました。そこで、❷日本産牛肉の大量購入に対して 6 パーセントの割引という最終のご提案を準備いたしました。このご提案は 6 月 12 日、米国太平洋時間 11 時 59 分まで有効です。

弊社は、❸見込まれている契約の他の部分については全て合意したと考えておりますので、これが最後の解決すべき問題です。このご提案には明確な価値があり、そしてそれは日本国内の他社にはないということを貴社にご理解いただけると弊社は確信しております。

私たちが共に前進できるよう、この特別なご提案に同意いただけることを願っております。前向きなご返事をお待ちしております。

どうぞよろしくお願いいたします。
佐藤健二

＊C-suite　経営陣、経営幹部。CEO、COO、CFO など、経営をつかさどっているレベルを表す。C-level も同じ。

1

We had long internal discussions in our C-suite.

弊社の経営陣の間で長い間議論を重ねてきました。

🔁 We had long internal meetings with our senior management.

弊社経営陣と長期にわたり会議を行ってきました。

🔁 We had long internal discussions with our C-level executives.

弊社最高幹部と長い間議論を重ねてきました。

2

We are prepared to make a final offer of a 6% discount on volume purchases of Japanese beef.

日本産牛肉の大量購入に対して6パーセントの割引という最終のご提案を準備いたしました。

🔁 We are ready to make our final proposal of a 6% discount on bulk purchases of Japanese beef.

日本産牛肉の一括購入には、6パーセント割引の最終提案をする準備ができています。

🔁 We are set up to give you a 6% discount on all large-scale purchases of Japanese beef.

日本産牛肉の大口購入に対して6パーセント割引を提示する用意があります。

3

We have agreed on all the other parts of a potential contract.

見込まれている契約の他の部分については全て合意しました。

新規プロジェクトの提案

. . . .

⇄ We have come to an agreement on the remaining parts of a potential contract.

私たちは見込まれている契約の残りの部分については合意に達しています。

. . . .

⇄ We have finalized all necessary terms for future agreement.

今後の契約に必要な全ての条件を最終的に決定しました。

プロジェクトの始動

. . . .

⇄ We have reached a consensus for all elements of an agreement.

私たちは契約の要項全てに関し合意に達しています。

💬 チャットや口語でも使える関連表現

⇄ Everything has been approved.

全て承認されています。

プロジェクト中の対応

. . . .

⇄ Everything needed for a possible agreement has been addressed.

見込まれている取り決めに必要なものは全て対応済みです。

. . . .

⇄ We are all on the same page* regarding an expected deal.

予想されている取引に関して私たちは皆同じ考えです。

　＊on the same page　意見が一致して、同意見で

取引と交渉

交渉成立を確認する

To: garyjones@elitecoasttrading.net
Subject: Volume Discount Offer Accepted

Dear Mr. Jones,

I hope this message finds you well. I wanted to express my gratitude for your response. ❶I am delighted that you have accepted the offer to discount the Japanese beef. This is a significant step forward in our collaboration. Furthermore, I would like to expand my business to selling Japanese food eventually. We can discuss this in future messages. ❷I believe it sets the stage for a beneficial partnership.

Thank you once again for your trust and confidence. I will send more information discussing shipping costs and delivery dates soon. Please feel free to let me know if there are details you'd like to address moving forward. I look forward to your reply.

Best regards,
Kenji Sato

ペリーさんから価格提案が承認されたと連絡がありました。佐藤さんはジョーンズ社長に、感謝と今後の展望を伝えます。

宛先：garyjones@elitecoasttrading.net
件名：大量購入割引提案が認められました

ジョーンズ様、

お元気でお過ごしのことと思います。ご対応に心より感謝をお伝えしたく存じます。❶日本産牛肉の割引提案をお受けいただけたこと、大変うれしく思います。これは、私たちの共同事業における大きな前進です。さらに、ゆくゆくは日本食の販売にもビジネスを拡大したいと考えております。これについては、今後のやりとりの中で話し合いましょう。❷これは有益なパートナーシップの土台づくりとなると信じています。

ご信用さらにはご信頼いただき、あらためて感謝いたします。近日中に送料や納期についての詳しい情報をお送りします。今後に向けて取り組みたい点がございましたら、遠慮なくお知らせください。お返事をお待ちしております。

よろしくお願い申し上げます。
佐藤健二

❶

I am delighted that you have accepted the offer to discount the Japanese beef.

日本産牛肉の割引提案をお受けいただけたこと、大変うれしく思います。

⇄ I am very pleased that you have agreed to the suggestion of discounting all purchases of Japanese beef.

日本産牛肉の割引提案に同意していただけたことを大変うれしく思います。

⇄ I am very pleased that you have accepted the proposal of a reduced price for the Japanese beef.

日本産牛肉の値下げ提案を受け入れていただき、大変うれしく思います。

⇄ I am thrilled that you have accepted our offer of a reduced rate for the Japanese beef.

日本産牛肉の割引価格の申し出を受け入れてくださり、感激しております。

🔍 関連語句

協力関係　**collaboration / collabo**
　　　　　（共通の目的を達成するために行う）協同、提携、協力
　　　　　partnership（ビジネス上の）提携、協力、共同事業
　　　　　cooperation 協力、協同
　　　　　association 人・組織とのつながり、提携関係

②

I believe it sets the stage for a beneficial partnership.

これは有益なパートナーシップの土台づくりとなると信じています。

🔁 I believe it lays the groundwork for good association.

それが良い関係を築くための土台になると信じています。

🔁 I firmly believe it builds a strong foundation for a fruitful relationship.

それが実りある関係のための強い基盤を築くと確信しています。

🔁 I expect it will grant us a favorable cooperation.

それにより良好な協力関係が叶えられると期待しています。

💬 チャットや口語でも使える関連表現

🔁 I hope it strengthens our bond.

私たちの絆が深まることを願っています。

🔁 This shapes great partnerships.

これにより素晴らしいパートナーシップになります。

🔁 It brings us closer together.

それによって私たちはより親密になれます。

契約書を交わす

To: perry@elitecoasttrading.net
Subject: Supplier Agreement (final version)

Dear Mr. Perry,

Please find the supplier agreement attached. This final version was reviewed and approved by the board of directors* of both our companies. ❶ The agreement also includes your request for the contract jurisdiction* to be Seattle, Washington, USA.

❷ Please have the relevant parties sign and date it (electronic signatures are acceptable). Note that the contract requires the ink* or digital signatures of the president, vice president, and treasurer* of both companies. These company officers must also initial and date each page of the document.

Please send it back to us by Friday, June 8, so that we can formally begin our partnership. For security purposes, please upload the document to your document folder on our website.

Thank you again for choosing our firm.

Sincerely,
Kenji Sato

ミドリ通商は、エリートコースト・トレーディング社とサプライヤー契約を結ぶことになりました。佐藤さんはペリーさんに契約書について説明します。

宛先：perry@elitecoasttrading.net
件名：サプライヤー契約書（最終版）

ペリー様、

添付のサプライヤー契約書をご覧ください。この最終版は両社の取締役会で検討および承認されたものです。❶ **本契約書には契約管轄地を米国ワシントン州シアトルとするご要望も含まれています。**

❷ **関係者の皆様によるご署名と日付のご記入をお願いします（電子署名でも可）。** 本契約書には両社の社長、副社長、会計責任者の直筆またはデジタル署名が必要ですのでご留意ください。上記役員の方々は契約書の各ページにイニシャルと日付を記入する必要があります。

われわれの提携を正式に始められるよう、6月8日（金）までにご返送ください。セキュリティ上の理由から、書類は弊社ウェブサイトにある御社のドキュメントフォルダにアップロードしてください。

弊社をお選びいただき重ねてお礼申し上げます。

よろしくお願いいたします。
佐藤健二

*board of directors 取締役会
*the contract jurisdiction 契約管轄地。トラブルがあった場合、法的解決のために審理する裁判所の管轄地。日本では「専属的合意管轄」と言い、agreed jurisdiction という訳語が当てられることもある。
*ink（直筆で）署名する（こと）
*treasurer（企業などの）会計担当

❶

The agreement also includes your request for the contract jurisdiction to be Seattle, Washington, USA.

本契約書には契約管轄地を米国ワシントン州シアトルとするご要望も含まれています。

⇄ The agreement accounts for your request to have the contract jurisdiction set in Seattle, WA.

契約管轄地をワシントン州シアトルに設定するご要望は契約書に盛り込まれています。

⇄ Your request for the contract jurisdiction location to be Seattle, WA has been incorporated into the agreement.

契約管轄地をワシントン州シアトルにするという御社のご要望は契約書に盛り込まれています。

💬 チャットや口語でも使える関連表現

⇄ As agreed, the contract jurisdiction will be Seattle, WA.

合意の通り、契約管轄地はワシントン州シアトルになります。

⇄ Contract jurisdiction is set in Seattle, WA.

契約管轄地はワシントン州シアトルに設定されています。

⇄ Per your request, contract jurisdiction will be in Seattle.

ご要望通り、契約管轄地はシアトルになります。

Please have the relevant parties sign and date it.

関係者の皆様によるご署名と日付のご記入をお願いします。

新規プロジェクトの提案

⮂ Please arrange for all relevant parties to endorse* the document with signatures.

関係する皆様が書類にご署名くださいますよう、お取り計らい願います。
* endorse ～を承認する

⮂ We request all pertinent individuals sign and date the document in question*.

関係者の皆様には、当該文書に署名と日付のご記入をお願いします。
* in question 問題になっている、当該の

⮂ We kindly ask all appropriate parties to formally authorize the document.

関係各位におかれましては、当該文書を正式にご承認くださいますようお願い申し上げます。

プロジェクトの始動

💬 チャットや口語でも使える関連表現

⮂ Please have your team officially agree.

チームの正式な同意を得てください。

⮂ Please get formal approval from all parties.

関係者全員の正式な承認を得てください。

プロジェクト中の対応

⮂ If you can ink it, that would be fantastic.

それに署名してくれたらうれしいです。

取引と交渉

提案を断る

To: k-sato@midoritrading.co.jp
Subject: Project Decline

Dear Mr. Sato,

Thank you for your hard work during our business talks. ❶However, we must respectfully* decline your offer. This is because your proposed price per kilogram is too high, especially compared to the rates that we normally pay. We must state again that—with the right price—we are prepared to purchase your food products in very large amounts and distribute them across several major international markets. That would be a unique profit opportunity for you.

❷We hope that this is not the end of our relationship. Instead, we encourage your leadership to think again about the potential value of a business relationship with us. If you can return with a more acceptable price, we could reconsider your offer.

Yours sincerely,
Walter Perry

価格の折り合いがつかなかった場合に、提案を断るメールです。しかし、再検討の余地があることも伝え、関係性を続けようとしています。

宛先：k-sato@midoritrading.co.jp
件名：プロジェクトの辞退

佐藤様、

商談中はご尽力いただきありがとうございます。❶しかしながら、貴社のオファーを謹んで辞退しなければなりません。というのも、貴社が提示するキログラムあたりの価格が、特に弊社が通常支払う価格に比べて高すぎるからです。再度申し上げますが、適正価格であれば弊社は貴社の食品をかなり大量に購入し、主要な国際市場に流通させる用意があります。それは貴社にとってまたとない収益機会となるでしょう。

❷これが私たちの関係の終わりではないことを願っています。それよりも、貴社の上層部が弊社とのビジネス関係の将来的な価値についてもう一度考えてくれることを望みます。もし、より受け入れやすい価格でお返事いただけるのであれば、貴社のオファーを再検討することも可能です。

何卒よろしくお願いいたします。
ウォルター・ベリー

＊respectfully 謹んで、丁重に

1

However, we must respectfully decline your offer.

しかしながら、貴社のオファーを謹んで辞退しなければなりません。

....

⇄ Unfortunately, after all due consideration, we must decline your offer.

残念ながら、検討の結果、ご提案をお断りしなければなりません。

💬 チャットや口語でも使える関連表現

⇄ Though we'd love to accept, we respectfully decline.

ぜひお受けしたいのですが、謹んでお断りいたします。

2

We hope that this is not the end of our relationship.

これが私たちの関係の終わりではないことを願っています。

....

⇄ We are looking forward to continuing our relationship beyond this point.

この先も私たちの関係が続くよう願っております。

💬 チャットや口語でも使える関連表現

⇄ We don't want our relationship to end here.

私たちの関係をここで終わらせたくありません。

....

⇄ We'd like to see our relationship continue.

今後も私たちの関係が続いてほしいと思っています。

Chapter 2
プロジェクトの始動

Main Story

日本を拠点とする工具開発会社のカイト・ツール社（Kaito Tool Co.）は、さまざまな機械、工具、工業器具を東南アジアを中心に、グローバルに販売しています。新分野として冷却装置などの新しい科学製品の開発に着手しており、国内外の開発チームとの連携、財務管理、新 CM のリリースなどを進めています。

新しい開発チームを始動する

To: Chiyo Yamamoto, Christopher Blanc,
　　Steven Pelt, Naomi Rodrigues
Subject: New R&D* team

Dear colleagues,

🅐 You have been chosen for a virtual team* based on your excellent background in scientific machines. Our company hopes your team can develop new technologies in this area.

Your roles will be as described below:

Chiyo:
She will be the team leader. She will coordinate, send assignments, monitor results, and regularly report to me.

Christopher:
He will handle practical theory. He will use his knowledge of scientific theory in the field of cooling systems and other instruments.

Steven:
He will handle product research. He will direct research toward the most practical product features.

カイト・ツール社の研究開発リーダーの早沢さんが、冷却装置などの新しい科学製品の開発を進めるためのバーチャルチームのメンバーを発表します。

Naomi:
She will handle market research. She will bring her outstanding knowledge of global markets to this team.

Attached to this document are descriptions of several devices, processes, and systems we have already worked on. ❷Your team can continue with one of these or develop new concepts.

I trust that you all will achieve great success.

Sincerely,
Reiko Hayazawa

＊R&D Research and Development（研究開発）の略。
＊virtual team　バーチャルチーム。離れた距離にいるメンバーが IT ツールを活用して作業するチーム。

宛先：山本千代、クリストファー・ブラン、スティーブン・ベルト、
　　　ナオミ・ロドリゲス
件名：新しい研究開発チーム

同僚の皆さん、

① <u>科学機器分野での優れた経歴を持つ皆さんはバーチャルチームの一員に選ばれました。</u>このチームが当分野で新技術開発を実現できると弊社は期待しています。

皆さんの役割は以下の通りです。

千代さん
チームリーダーです。チームの調整、課題の送付、結果の監視を行い、定期的に私に報告します。

クリストファーさん
実用的理論を担当。冷却装置やその他の機器の分野での科学理論の知識を生かせるでしょう。

スティーブンさん
製品調査を担当。最も実用的な製品の機能について調査を指揮します。

ナオミさん
市場調査を担当。世界市場に関する卓越した知識をこのチームにもたらしてくれるでしょう。

この文書には、私たちがすでに取り組んでいるいくつかの装置、プロセス、システムの説明が添付されています。② <u>皆さんのチームはこれらのうちの一つを継続することもできますし、あるいは新しいコンセプトを開発することもできます。</u>

皆さんが大きな成功を収めてくれると信じています。

よろしくお願いします。
早沢玲子

⇄ 言い換えフレーズ

❶

You have been chosen for a virtual team based on your excellent background in scientific machines.

科学機器分野での優れた経歴を持つ皆さんはバーチャルチームの一員に選ばれました。

⇄ Each of you has been selected as a member based on your proficiency.

皆さんはそれぞれ実力に基づいてメンバーに選ばれました。

⇄ You have all been chosen to helm* our virtual team based on your outstanding expertise.

皆さんは、卓越した専門知識に基づいて当社のバーチャルチームのかじ取りをしていただくために選ばれました。

＊helm　〜を操縦する、かじを取る

⇄ Each of you has been selected as a member because of your exceptional skill sets*.

皆さん一人ひとりがメンバーとして選ばれたのは、卓越した技術力が評価されたからです。

＊skill set　能力や技能の範囲

💬 チャットや口語でも使える関連表現

⇄ You've been selected to join our team due to your expertise.

皆さんはその専門性の高さから、私たちのチームへの参加者に選ばれました。

❷

Your team can continue with one of these or develop new concepts.

皆さんのチームはこれらのうちの一つを継続することもできますし、あるいは新しいコンセプトを開発することもできます。

....

🔁 Your team has the option to proceed with one of the attached options or formulate new concepts.

皆さんのチームは、添付された選択肢のいずれかを進めるか、または新しいコンセプトを考案するか選べます。

....

🔁 You may opt to continue with one of the provided selections or proceed with original concepts.

皆さんは与えられた選択肢の一つを続けるか、オリジナルのコンセプトを進めるかを選択することができます。

💬 チャットや口語でも使える関連表現

🔁 You may stick with one of these or come up with new ideas.

これらのいずれかのままでいるか、あるいは新しいアイデアを考案してもよいでしょう。

....

🔁 Feel free to go ahead with one of these or develop ideas.

これらのいずれかを進めるか、アイデアを練るか、自由に行ってください。

....

🔁 Your team can choose to go with one of these or brainstorm new concepts.

皆さんのチームは、これらのいずれかを選ぶか、新しいコンセプトのアイデアを出し合うことができます。

提案を求めるフレーズ

Feel free to submit proposals, from developing systems to buying parts off the shelf*.

システム開発から既製の部品購入まで、自由にご提案ください。
　*off the shelf 既製で、市販で

Feel free to submit proposals for buying parts on the market.

市販の部品を購入するための提案書を自由に提出してください。

Feel free to turn in proposals for buying parts from suppliers.

供給業者からの部品購入について、自由に提案書を提出してください。

Feel free to introduce proposals for purchasing existing parts.

既存部品の購入に関し、遠慮なく提案書をご提出ください。

Please don't hesitate to submit your ideas.💬

遠慮なくアイデアを出してください。

Please send me your proposals without hesitation. 💬

遠慮なくご提案をお寄せください。

会議の内容を知らせる

To: Star Globe Investment Fund trading team leaders
Subject: Fund management meeting

Dear Team,

Good morning. I am a financial manager at Kaito Tool Co. ❶I am providing an update on tomorrow's meeting about our company's fund management. All the times below are Japan Standard Time (GMT+9*).

Friday, December 8
7:00 A.M.
❷A trading recap* of last week's gains and losses.

9:00 A.M.
We will discuss our goal to sell $200 million in stocks.

10:00 A.M.
A question and answer session, and any final adjustments to the plan. I look forward to seeing all the teams there.

カイト・ツール社の近藤さんは、資金運用を委託している
スターグローブ投資ファンド社の財務チームに会議のスケ
ジュールを知らせます。

Summary
③<u>Last week we saw some significant losses.</u> We need to recover those losses this week and gain additional profits as well.

Good luck to all of you today in your trades and see you tomorrow.

Sincerely,
Daisuke Kondo
Financial Manager
Kaito Tool Co., Ltd.

＊GMT+9　グリニッジ標準時（Greenwich Mean Time）。プラス9時間で日本
　時間を示す。
＊recap（＝ recapitulation）これまでの行為などを要約してまとめること。

宛先：スターグローブ投資ファンド　取引チームリーダー
件名：資金運用会議

チームの皆様、

おはようございます。私はカイト・ツール株式会社の財務管理を担当
しております。①弊社の資金運用に関する明日の会議について、最新
情報をお知らせいたします。以下の時間は全て日本標準時（GMT＋
9）です。

12月8日（金）
午前7時
②先週の損益の振り返り。

午前9時
2億ドルの株式売却目標について話し合います。

午前10時
質疑応答、計画の最終調整。そこで全チームに会えるのを楽しみにし
ています。

まとめ
③先週は大きな損失がありました。今週はその損失を取り戻し、さら
に利益を得る必要があります。

今日の皆さんの取引がうまくいきますように、また明日お会いしましょ
う。

よろしくお願いします。
近藤大介
財務マネジャー
カイト・ツール株式会社

⇄ 言い換えフレーズ

❶

I am providing an update on tomorrow's meeting about our company's fund management.

弊社の資金運用に関する明日の会議について、最新情報を
お知らせいたします。

⇄ I will offer the latest information on tomorrow's meeting about our company's fund management.

弊社の資金運用に関する明日の会議の最新情報をお知らせいたします。

⇄ I will fill you in on tomorrow's meeting regarding our company's finances.

弊社の財務に関する明日のミーティングについて、詳細をお伝えいたします。

⇄ I would like to share an update about our company's fund management meeting happening tomorrow.

明日行われる弊社の資金運用に関するミーティングについて、最新情報
をお伝えいたします。

🔍 関連語句

会議 **meeting** 「会議、打ち合わせ」を表す一般的な語。

conference 専門的な課題などに対して一定の会期のある会議。

session conferenceで表すような大きな会議の一部として行われる個別の会議や集まり。

❷

A trading recap of last week's gains and losses.

先週の損益に関する取引の振り返り。

- -

🔁 A trading review of last week's profits and losses.

先週の損益に関する取引の振り返り。

- -

🔁 A financial review of last week's earnings and losses.

先週の収益と損失についての財務評価。

- -

🔁 A financial summary of last week's results.

先週の実績の財務概要。

💬 チャットや口語でも使える関連表現

🔁 Discussion about last week's fund.

先週の資金状況についての話し合い。

- -

🔁 Meeting on last week's fund management.

先週の資金運用に関するミーティング。

❸

Last week we saw some significant losses.

先週は大きな損失がありました。

- -

🔁 Last week we experienced some significant losses.

先週は大きな損失を経験しました。

🔁 Last week we went through some substantial deficits.

先週はかなりの赤字を被りました。

🔁 Last week we endured some major losses.

先週は大きな損失に耐えました。

💬 チャットや口語でも使える関連表現

🔁 We suffered big losses last week.

先週、大規模な損失を被りました。

🔁 We suffered small losses last week.

先週、小規模な損失を被りました。

🔍 関連語句

標準時 **GMT (Greenwich Mean Time)**
グリニッジ標準時

JST (Japan Standard Time)
日本標準時

EST (Eastern Standard Time)
アメリカ・カナダの東部標準時 (ニューヨーク、ワシントン DC、ボストンなど)

CST (Central Standard Time)
アメリカ・カナダの中部標準時 (シカゴ、ダラス、ヒューストンなど)

PST (Pacific Standard Time)
アメリカ・カナダの太平洋標準時 (シアトル、ロサンゼルスなど)

CET (Central European Time)
中央ヨーロッパ標準時 (フランス、スペイン、オランダなど) ほか

新規プロジェクトの提案

プロジェクトの始動

プロジェクト中の対応

取引と交渉

進捗を知らせる

To: joelu@kaitotool-hk.net
Subject: Clouds of Time

Dear Mr. Joe Lu,

I am providing an update on the release of Kaito Tool's TV commercials, "Clouds of Time."

July 9
①Filming was wrapped up.

September 19
Test screenings—small audience views—were organized in several major cities worldwide.

October 3
Test screenings were reported as positive in almost every major market.

October 26
Permission was received from the Chinese government for this film's release in China, under that country's foreign laws.

星斗ムービースタジオの竹田さんは、カイト・ツール社初の海外向けテレビ CM（タイトル：Clouds of Time）公開に向けた進捗をカイト・ツール香港支社の担当者に報告します。

November 1
Marketing campaigns were launched to support the release of the commercials. The film's release date was publicized as December 28.

Summary
❷So far, things have gone very well. We will keep working hard until and after the release date.

Sincerely,
Mami Takeda
Project Planning Department
Seito Movie Studio

宛先：joelu@kaitotool-hk.net
件名：時の雲

ジョー・ルー様、

カイト・ツールのテレビ CM「時の雲」リリースの最新情報をお知らせ
します。

7 月 9 日
① 撮影が終了しました。

9 月 19 日
テスト上映（少人数の視聴者を対象）をいくつかの世界主要都市で開
催しました。

10 月 3 日
テスト上映はほぼ全ての主要市場で好評だと報告されました。

10 月 26 日
本作は、中国の外国法に基づき、中国政府から中国での公開許可を得
ました。

11 月 1 日
CM 公開に伴うマーケティング・キャンペーンを開始。本作の公開日は
12 月 28 日と公表されました。

まとめ
② これまでのところ、とても順調に進んでおります。公開日まで、そし
てそれ以降も取り組み続けてまいります。

よろしくお願いいたします。
竹田真美
企画部
星斗ムービースタジオ

⇄ 言い換えフレーズ

❶ Filming was wrapped up.

撮影が終了しました。

⇄ Filming has concluded per schedule.

撮影は予定通り終了しました。

⇄ All planned filming has been completed.

予定していた撮影は全て完了しました。

⇄ All filming has been completed as intended.

撮影は全て計画通りに完了しました。

💬 チャットや口語でも使える関連表現

⇄ Filming is all set.

撮影は全て（終了して）準備万端です。

❷ So far, things have gone very well.

これまでのところ、とても順調に進んでおります。

⇄ Everything has proceeded as planned.

全て計画通りに進んでいます。

⇄ Until now, all developments have been favorable.

現在に至るまでの展開は全て順調です。

💬 チャットや口語でも使える関連表現

⇄ Things have gone smoothly so far.

ここまで物事は順調に進んでいます。

目標を伝えるフレーズ

As we come close to beginning the new year, I wanted to set some goals.

もうじき新しい年を迎えるにあたり、目標を設定したいと思います。

We want to achieve 10 million dollars in world sales by the third quarter.

第3四半期までに世界売上高1,000万ドルを達成したいと思います。

As we aim to expand our company globally, we want to increase the number of overseas branches from 10 to 15 branches.

世界規模で会社を拡大することを目標とするにあたり、海外支店を10支店から15支店に増やすことを望んでいます。

We want to continue our good customer support to ensure satisfaction.

確実にお客様に満足していただけるよう、優れた顧客サポートを継続していきたいと思います。

Let's continue good support to ensure customer satisfaction.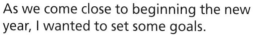

顧客満足を確保するため、良いサポートを続けていきましょう。

The sales target for this month is 50 million yen.

今月の売り上げ目標は5,000万円です。

Chapter 3
プロジェクト中の対応

Main Story

日本の製薬会社、バイオ日本製薬（Bio Nippon Pharmaceuticals Co.）は、海外で展示会を開くなど、業務拡大に向けて積極的に活動しています。インドの大手製薬グループのインド PX ファーマシー・グループ社（India PX Pharmacy Group Co.）との協業プロジェクトも進行中です。

スケジュール変更を知らせる

To: Robert Welch (Boston Branch)
Subject: Change of Schedule

Dear Robert,

We have three lead R&D researchers (Ms. Junko Nishida, Mr. Ichiro Abe, and Mr. Akira Yamamoto) scheduled to arrive in New England on June 7. However, ❶we now plan to move up their schedule to June 1. This will give them time to tour and help out with our company exhibition at the Global Pharma Convention (Boston, June 2-5).

❷Please coordinate with them regarding their exact arrival times, airport pickups, hotel stays, and similar issues. Ms. Nishida will email you about these over the next one to two days, so please help her in any way that you can. This is this group's first time in the New England area, so they are not familiar with the place. Thanks in advance for your help.

I look forward to your reply.

Sincerely,
Shoko Fujiwara

バイオ日本製薬の藤原さんは、東京の研究開発員のアメリカ訪問の日程が変更になることをボストン支社長のウェルチさんに知らせます。

宛先：ロバート・ウェルチ（ボストン支社）
件名：スケジュールの変更

ロバートさん、

研究開発の主任研究員3名（西田順子さん、阿部一郎さん、山本章さん）が6月7日にニューイングランドに到着する予定でした。しかし、①今は彼らのスケジュールを6月1日に前倒しする予定でいます。これにより、グローバル・ファーマ・コンベンション（ボストンで6月2日〜5日に開催）で、彼らが視察したり展示会を手伝ったりする時間を確保できるようになります。

②正確な到着時間、空港での出迎え、ホテル滞在などに関して彼らと調整をお願いします。この件について一両日中に西田さんがメールで連絡しますので、できるだけお手伝いくださいますようお願いします。このグループにとって初めてのニューイングランド訪問になるので、土地勘がありません。ご助力をよろしくお願いいたします。

ご返事をお待ちしております。

よろしくお願いします。
藤原翔子

①

We now plan to move up their schedule to June 1.

今は彼らのスケジュールを 6 月 1 日に前倒しする予定でいます。

⸻

🔁 We now plan to bring forward their schedule to June 1.

今は彼らのスケジュールを 6 月 1 日に繰り上げる予定でいます。

⸻

🔁 We now plan to advance their schedule to June 1.

今は彼らのスケジュールを 6 月 1 日に早める予定でいます。

💬 チャットや口語でも使える関連表現

🔁 We want to advance their schedule by six days.

彼らのスケジュールを 6 日前倒ししたいと思います。

⸻

🔁 Let me check their schedule again.

彼らのスケジュールをもう一度確認させてください。

⸻

🔁 Let's accelerate our product launch, moving it up from April 14 to April 5.

4 月 14 日から 4 月 5 日に前倒しして、製品の発売を早めましょう。

⸻

🔁 We'll have to move back our trip to Thailand from June 20 to June 27.

タイへの出張を 6 月 20 日から 6 月 27 日に延期しなければなりません。

❷

Please coordinate with them regarding their exact arrival times.

正確な到着時間に関して彼らと調整をお願いします。

....

🔁 Please work with them on their exact arrival times.

正確な到着時間について彼らと連携してください。

....

🔁 Please work jointly with them regarding their exact arrival times.

正確な到着時間に関し、彼らと協力して進めてください。

....

🔁 I would like you to work closely with them regarding their exact arrival times.

正確な到着時間について、彼らと密に連絡を取り合って進めていただきたく存じます。

💬 チャットや口語でも使える関連表現

🔁 Just coordinate arrival times with them.

正確な到着時間を彼らと調整してください。

....

🔁 Just ask them about their arrival times.

到着時間について彼らに確認してください。

報告を求める

To: Robert Welch (Boston Branch)
Subject: Asking for feedback

Dear Robert,

Thank you for hosting our researchers. They were very grateful for your help. They also stated that they were impressed with the pharmaceuticals* convention and its exhibition. They said the exhibition that you organized was much more beneficial than the others.

①We would like some feedback on the entire exhibition, and our company's performance there. Specifically, we are interested in:

· How many people attended the convention itself?
· How many people visited our exhibition booth?
· How many clients or potential clients did you visit?
· ②How many deals do you expect to close (from contacts made at the convention)?

Sincerely,
Shoko Fujiwara

バイオ日本製薬の藤原さんはボストンで行われた展示会
の様子を知りたいと思い、ボストン支社長のウェルチさん
に報告を求めます。

宛先：ロバート・ウェルチ（ボストン支社）
件名：ご意見をお聞かせください

ロバートさん、

研究員たちを受け入れてくださり、ありがとうございました。彼らはあ
なた方のご協力に大変感謝しておりました。また、医薬品学会とその
展示会に感銘を受けたと話していました。ボストン支社で企画した展
示会は、他の展示会よりずっと有益だったとのことです。

❶ 展示会全体についてご意見を聞きたいと思っています。そこでのわ
れわれの展示状況についても。具体的には以下の点に関心がありま
す。

・展示会自体の来場者数は何名か。
・われわれの展示ブースを訪れたのは何名か。
・あなた方が訪問した取引先や取引先候補は何社か。
・❷（展示会で得たコネクションによって）何件の取引が成立すると見
　込んでいるか。

よろしくお願いいたします。
藤原翔子

＊pharmaceuticals（通例複数形）医薬品、大手製薬会社

1

We would like some feedback on the entire exhibition.

展示会全体についてご意見を聞きたいと思っています。

....

⇄ We would like some opinions on the entire exhibition.

展示会全体についてご意見をいただければと思います。

....

⇄ We would like to hear your thoughts about the entire exhibition.

展示会全体に関するお考えを伺いたいと思います。

....

⇄ We would like to know your impressions of the entire exhibition.

展示会全体についての印象をお聞かせくださいますでしょうか。

💬 チャットや口語でも使える関連表現

⇄ Let me hear your opinions about the whole exhibition.

展示会全体についての意見を聞かせてください。

....

⇄ Please give us your impressions of the exhibition.

展示会についての印象を教えてください。

❷

How many deals do you expect to close from contacts made at the convention?

展示会で得たコネクションによって何件の取引が成立すると見込んでいますか。

⇄ How many deals do you expect to seal from contacts made at the convention?

展示会で得たコネクションによって何件の契約を結べると見込んでいますか。

⇄ How many deals are you going to close from people you met at the convention?

展示会で出会った人たちから何件の取引を成立させますか。

⇄ How many contracts are you going to make from contacts made at the convention?

展示会で得たコネクションで何件の契約を結ぶつもりですか。

💬 チャットや口語でも使える関連表現

⇄ How many contracts could we expect?

われわれは何件の契約を見込めるでしょうか。

⇄ You found a lot of contacts at the convention. We could expect many deals!

展示会では人脈をたくさん見つけましたね。多くの契約が見込めるでしょう！

デザイン変更に関するフレーズ

We guess that your package would need some modifications to operate in Japan.

日本で展開するためには、貴社のパッケージをいくらか変更する必要があろうと考えております。

We recognize that your package would need some alterations.

貴社のパッケージには多少の変更が必要だろうと認識しています。

Your package may need some changes. 💬

御社のパッケージにはいくらか変更が必要かもしれません。

Let's make some changes to the package design. 💬

パッケージのデザインを少し変更しましょう。

They would like to request a change to our packaging design.

先方は当社のパッケージデザインの変更を求めたいとのことです。

Our art director has sent us some basic design plans that we will use.

アートディレクターが、われわれが使用することになる基本的なデザイン案をいくつか送ってくれました。

I would like to show a blueprint for the new designs.

新しいデザインの計画をお見せしたいと思います。

商品を販売する国が変われば、デザインを変更する必要
性も出てきます。ここでは、パッケージデザインを例に取っ
て、関連フレーズを見ていきましょう。

I would like to present an outline for the new designs.

新しいデザインの概要を説明したいと思います。

・・

He has drawn a blueprint for the designs. 💬

彼がデザインの設計図を描きました。

・・

Please respond and show your support for which design plan you prefer.

どのデザイン案が好ましいか、支持するものを返信してください。

・・

Let me show you some drafts for the new design. 💬

新しいデザインの草案を紹介させてください。

・・

Let's have a talk to discuss the orientation* of the selected design. 💬

選ばれたデザインの方向性について話し合おう。

*orientation 方向性、方向づけ

🔍 関連語句

デザイン	color schemes	配色
	solid color	単色
	legibility	文字の判読のしやすさ
構想	blueprint	(建物や機械の) 設計図、計画
	draft	草稿、下書き
	outline	概略

トラブルに対処する

To: sharma@indiapxpharmacy.net
Subject: Re: Defective products

Dear Ms. Sharma,

Thank you for your email about our defective products. ❶We understand that our factory line is not working as it should. We tested these products in our Tokyo laboratories many times, and they met all performance targets. However, we are going to send three of our top engineers to your Indian headquarters to discuss this issue.

Our engineering team, led by Mieko Owada, will arrive in India the day after tomorrow. She will be in constant contact with you as soon as her team reaches the airport. You can be confident that you are a priority for us. ❷They will work with your team to solve this issue as soon as possible.

Sincerely,
Ryo Kajiwara
Senior Engineer
Bio Nippon Pharmaceuticals

インド PX ファーマシー・グループ社で出荷前の薬に問題が見つかりました。バイオ日本製薬の梶原さんは、工場ラインの調査のため技術者を派遣すると伝えます。

宛先：sharma@indiapxpharmacy.net
件名：Re: 欠陥商品

シャルマ様、

弊社の不良品に関するメールをありがとうございます。❶弊社工場ラインが正常に機能していないと理解しております。対象の製品を東京の研究所で何度もテストしたところ、性能目標を全て満たしておりました。しかしながら、この問題について話し合うため、弊社のトップエンジニア 3 名を貴社のインド本社に派遣する予定です。

小和田美恵子が率いる技術チームが明後日インドに到着いたします。チームが空港に到着しましたら、彼女が常にご連絡を差し上げます。弊社にとって貴社が最優先事項であることは間違いありません。❷一刻も早くこの問題を解決できるよう、彼らが貴社のチームと協力いたします。

よろしくお願いいたします。
梶原 亮
シニアエンジニア
バイオ日本製薬株式会社

①

We understand that our factory line is not working as it should.

弊社工場ラインが正常に機能していないと理解しております。

....

🔁 Our machine is not operating correctly.

弊社の機械が正しく作動していません。

🔁 One of the machines in our factory is not functioning perfectly.

弊社工場の機械の一つが完全には機能していません。

💬 チャットや口語でも使える関連表現

🔁 A problem happens with the machine.

機械に問題が起きています。

②

They will work with your team to solve this issue as soon as possible.

一刻も早くこの問題を解決できるよう、彼らが貴社のチームと協力いたします。

....

🔁 They will cooperate with your team to sort out this problem as quickly as possible.

彼らが貴社のチームと協力し、この問題をできるだけ早く解決いたします。

....

🔁 They will collaborate with your team to resolve this issue without delay.

彼らは貴社のチームと協力して、この問題を遅滞なく解決いたします。

おわびのフレーズ

I am deeply sorry that some of the products are defective.

複数の商品に欠陥があったこと、誠に申し訳ありませんでした。

I sincerely apologize for the fact that certain products have defects.

一部製品に欠陥がありましたことを心よりおわび申し上げます。

I deeply regret that a few of our products have quality issues.

弊社製品の一部に品質上の問題があることを深くおわび申し上げます。

I am truly sorry that there are defects in some of our products.

弊社商品の一部に不備があり、誠に申し訳ございません。

I would like to apologize for our stock shortage of this product.

この製品の在庫不足についておわび申し上げます。

We must express our sincere regret.

心からのおわびをお伝えしなければなりません。

We are very sorry to hear that our last delivery to you arrived late.

前回配送の商品の到着が遅れたとのこと、誠に申し訳ございません。

改善策を共有する

To: All operations managers
Subject: Improvement Plan

Dear managers,

We plan to expand our presence in major markets worldwide. ①As part of this effort, we must make the following upgrades from next month:

Quality control:
We are hiring several experts in this field, including Sellan Research Co., to help us improve the quality of our products.

Deliveries:
We will partner with Tain Logistics to better manage our deliveries worldwide. This company's air, sea, and land network will ensure that customer orders always arrive on time.

Focus:
We will focus on our most important product lines. ②Divisions managing minor product lines may be spun off into new, independent firms.

These changes are necessary for the continued success of our firm. Your

バイオ日本製薬で海外支社との連携を取りまとめる斉藤さんは、世界市場シェアの拡大のための改善策を各国支社の担当マネジャーに伝えます。

department heads will be giving you more details.

Kind regards,
Akira Saito

宛先：全オペレーションマネジャー
件名：改善計画

マネジャー各位、

当社は、世界の主要市場における存在感を拡大する計画です。❶ この取り組みの一環として、来月から以下の改善を行わなければなりません。

品質管理
セラン・リサーチ社をはじめ、この分野の専門家を数名採用し、当社製品の品質向上に力を借ります。

配送
テイン・ロジスティクス社と提携し、世界各地への配送管理を強化します。この会社の空路、海路、陸路のネットワークにより、顧客の注文が常に確実に時間通りに届くようにします。

注力
当社の最も重要な製品ラインに注力します。❷ 非主力製品ラインの管理部門は、新会社に分離独立させる可能性があります。

これらの変更は、当社の継続的な成功のために必要なものです。詳細については、各部門の責任者から説明させていただきます。

よろしくお願いします。

斉藤 彰

❶

As part of this effort, we must make the following upgrades.

この取り組みの一環として、以下の改善を行わなければなりません。

⇄ In line with this initiative, we must implement* the following upgrades.

この取り組みに伴い、以下の改善を実施しなければなりません。

＊implement 〜を実施する、実行する

⇄ In pursuit of this campaign, we need to carry out the following enhancements.

この活動を遂行するため、当社は次の機能強化を行う必要があります。

⇄ As part of this endeavor, we will undertake the listed enhancements.

この試みの一環として、私たちは列挙した強化項目に着手します。

💬 チャットや口語でも使える関連表現

⇄ For this, the following enhancements will be made.

このため、以下の機能強化を行います。

⇄ Part of the plan will be to carry out the following improvements.

計画の一環として、以下の改善を実施する予定です。

⇄ We will therefore be making the following upgrades.

そのため、次の改良を行います。

2

Divisions managing minor product lines may be spun off into new, independent firms.

非主力製品ラインの管理部門は、新会社に分離独立させる可能性があります。

....

↻ Divisions in charge of minor product lines may be restructured into independent firms.

非主力製品ラインを担当する部門は、独立会社に再編される可能性があります。

....

↻ Any divisions overseeing minor product lines may be subject to restructuring into independent firms.

非主力製品ラインを監督する全ての部門は、独立会社に再編される可能性があります。

....

↻ Divisions responsible for minor product lines may be separated into newly independent firms.

非主力製品ラインを担当する部門は、新たに独立した会社に分離される可能性があります。

💬 チャットや口語でも使える関連表現

↻ Minor product divisions may become independent entities.

非主力製品の担当部門は独立事業体になるかもしれません。

....

↻ We want to spin off minor divisions into a separate company.

小さな部門を別会社に分離したいと考えています。

プロジェクト完了を知らせる

To: All Operations Managers
Subject: India Project Success

Dear managers,

①I understand that you all must be concerned about how the India project went. I am happy to say it was a success! Recently, we have successfully exported medicines to the India PX Pharmacy Group Co. This is the first time we have done this, and I am proud of all your hard work.

After lots of communication between teams on how to solve logistic problems, the project is now complete. ②We were able to ship our product by air with no problems. I believe this was a very important step for our company. Also, this is a very good experience for India PX Pharmacy Group Co. I believe that they will order even more in the future. I also believe that we will be able to expand our operations in India moving forward.

Thank you for your cooperation.

Best regards,
Akira Saito

バイオ日本製薬はインド PX ファーマシー・グループ社とのプロジェクトを成功させました。斉藤さんは各支社の担当マネジャーに知らせます。

宛先：全オペレーションマネジャー
件名：インドプロジェクトの成功

マネジャー各位、

①インドのプロジェクトがどうなったか、皆さん心配していることと思います。喜ばしいことに、成功しました！　先日、インド PX ファーマシー・グループ社に医薬品を無事に輸出することができました。これは当社にとって初めて成し得たことであり、皆さんの努力を誇りに思います。

ロジスティクスの問題をどう解決するか、チーム間で何度も連絡を取り合い、プロジェクトはついに完了しました。②問題なく製品を空輸することができました。これは当社にとって非常に重要なステップだったと思います。また、インド PX ファーマシー・グループ社にとっても非常に良い経験です。今後さらに彼らからの注文が増えると思います。将来、当社のインドでの事業拡大が可能になるとも考えています。

ご協力ありがとうございました。

今後ともよろしくお願いいたします。
斉藤 彰

①

I understand that you all must be concerned about how the India project went.

インドのプロジェクトがどうなったか、皆さん心配していることと思います。

....

🔁 I accept that you all must be anxious about how the India project went.

インドのプロジェクトがどうなったか、皆さん不安に思っていることでしょう。

....

🔁 I believe that you all must be distressed* about how the India project went.

インドのプロジェクトがどうなったか皆さん心配しているはずです。
　*distressed　悩んで、心を痛めて

....

🔁 I realize that you all must be troubled about how the India project went.

インドのプロジェクトがどうなったかについて、皆さん懸念を抱いていることでしょう。

💬 チャットや口語でも使える関連表現

🔁 I know you all care about how the project went in India.

インドのプロジェクトがどうなったか皆さん心配ですよね。

....

🔁 We are worried about the progress of the India project.

インドのプロジェクトの進捗を心配しています。

We were able to ship our product by air with no problems.

問題なく製品を空輸することができました。

🔁 We were able to dispatch our commodities by air with no issues.

商品は何の問題もなく航空便で発送できました。

🔁 We were able to export our merchandise by air with no trouble.

支障なく商品を航空便で輸出できました。

🔁 We were able to move our stock by air with no concerns.

何の心配もなく、在庫を航空便で移動させることができました。

💬 チャットや口語でも使える関連表現

🔁 We shipped our product by air with no problems.

何の問題もなく商品を航空便で配送しました。

🔁 We effortlessly shipped our product by air.

商品を航空便で難なく配送しました。

🔍 関連語句

輸送　ship （貨物など）を輸送する
　　　dispatch （荷物など）を送り出す、発送する
　　　transport ~を運ぶ、輸送する
　　　deliver （商品、手紙など）を配達する、納品する

新規プロジェクトの提案

プロジェクトの始動

プロジェクト中の対応

取引と交渉

感謝の気持ちを丁寧に伝える

To: sharma@indiapxpharmacy.net
Subject: Thank You

Dear Ms. Sharma,

①I wanted to send you an email and give you my heartfelt thanks for your partnership. It has been a pleasure to work with you on this project. I am glad that we are on the same page and are pleased with these results. I am also pleased with the packaging design that was chosen. I believe that the success of this package design is due to our combined efforts.

I look forward to working more with you. ②I am confident that this has gotten us off to a good start* together. If there is anything else I can do for you, please reach out. I trust that you are doing well and thank you once again.

Sincerely,
Shoko Fujiwara

バイオ日本製薬の藤原さんは、プロジェクト完了について
インドPXファーマシー・グループ社のシャルマさんに感
謝の気持ちを伝えます。

宛先：sharma@indiapxpharmacy.net
件名：ありがとうございました

シャルマ様、

ご協力いただいたことに①心から感謝を伝えたいと思い、メールを差
し上げました。このプロジェクトであなたと一緒に仕事ができて光栄
でした。私たちが同じ考えを持ち、この結果に満足していることをう
れしく思います。また、選ばれたパッケージデザインにも満足していま
す。このパッケージデザインが成功したのは、私たちが力を合わせた
ことによるものだと思います。

またの機会にお仕事をご一緒できることを楽しみにしております。
②今回の件で私たちは良いスタートを切ることができたと確信してい
ます。何か他に私にできることがありましたら、ご連絡ください。ご健
勝をお祈り申し上げます。そして、あらためてお礼申し上げます。

では、よろしくお願いいたします。
藤原翔子

＊get off to a good start　良いスタートを切る

①

I wanted to send you an email and give you my heartfelt thanks.

心から感謝を伝えたいと思い、メールを差し上げました。

⇄ I wanted to email you to express my sincere gratitude.

心からの感謝の気持ちを伝えたく、メールいたしました。

⇄ I wanted to text you to show my deep appreciation.

深い感謝の気持ちを伝えたく、ご連絡いたしました。

⇄ I need to message you about how I appreciate your assistance.

ご協力に対しどれほど感謝しているか伝えなければなりません。

💬 チャットや口語でも使える関連表現

⇄ I'm truly grateful for your cooperation.

ご協力に心から感謝いたします。

⇄ I'm just thankful for your support.

ご支援にただただ感謝しています。

⇄ I'm emailing you to say thank you.

お礼を伝えたくてメールしました。

❷

I am confident that this has gotten us off to a good start together.

今回の件で私たちは良いスタートを切ることができたと確信しています。

⟳ I am certain that this has given us a great start together.

これで私たちは幸先よく始めることができたと確信しています。

⟳ I believe this has provided us with an excellent beginning together.

これが私たちの素晴らしい出発点になったと感じています。

⟳ I have confidence that this has started well together.

今回の件で共に幸先の良いスタートを切れたと自信を持って言えます。

💬 チャットや口語でも使える関連表現

⟳ I'm proud of this because it is a good start.

出だしが好調なので、このことを誇りに思います。

⟳ I'm thankful for this great start.

好調なスタートに感謝しています。

⟳ This is a good sign for us.

これは私たちにとって幸先が良いです。

資金を集める

To: t.johnson@kklpartners.com
Subject: Our Startup

Dear Mr. Johnson,

I am Yuki Miyamoto from Techno Robo Corporation. We are a startup with a team of 27 of some of Japan's brightest minds in the field of robotics and AI.

①To advance our projects, we are seeking funding in the US$20-US$50 million range. ②We would love to visit your Chicago, IL, office to discuss our development. Failing that*, this is your formal invitation to attend our "roadshow" on February 17 in the Palace Star Hotel, Chicago, where we will explain and demonstrate many of our newest devices. You can also see some of these devices on our website.

Please feel free to contact us and learn more about this great investment opportunity.

Sincerely,
Yuki Miyamoto
President
Techno Robo Corporation

株式会社テクノロボを起業した宮本さんは資金を募るため、ベンチャーキャピタルである KKL パートナーズのマネジング・パートナー、ジョンソンさんにメールを送ります。

宛先：t.johnson@kklpartners.com
件名：スタートアップ企業

ジョンソン様、

株式会社テクノロボの宮本由紀と申します。私たちはロボット工学とAI の分野において日本で最も優秀な頭脳を持つ、27 人のチームからなるスタートアップ企業です。

❶ プロジェクトを推進するため、弊社は 2,000 万から 5,000 万米ドルの範囲で資金を募っております。❷ ぜひ、貴社のイリノイ州シカゴオフィスを訪問し、弊社の開発についてお話しさせていただきたく存じます。それが不可能な場合は、2 月 17 日にシカゴのパレス・スター・ホテルで開催される弊社の「ロードショー（投資家向け会社説明会）」にご招待いたします。ここで弊社の最新デバイスの多くについて説明と実演を行います。これらのデバイスの一部は弊社ウェブサイトでもご覧いただけます。

この素晴らしい投資機会について、お気軽にお問い合わせください。

何卒よろしくお願いいたします。
宮本由紀
代表取締役社長
株式会社テクノロボ

＊failing that　それがだめならば

①

To advance our projects, we are seeking funding in the US$20-US$50 million range.

プロジェクトを推進するため、弊社は 2,000 万から 5,000 万米ドルの範囲で資金を募っております。

....

⇄ To progress our projects, we are seeking funding ranging from $20 million to $50 million.

プロジェクトを前進させるため、弊社は 2,000 万から 5,000 万ドルの範囲で資金を募っております。

....

⇄ To move our projects forward, we are looking for funding between $20 million and $50 million.

プロジェクトを前に進めるため、弊社は 2,000 万から 5,000 万ドルの資金を集めています。

....

⇄ To further our projects, we need financial support in the range of $20 million to $50 million.

プロジェクトをさらに進めるため、弊社には 2,000 万から 5,000 万ドルの範囲の財政支援が必要です。

⚠ Note

アメリカで企業が株式公開を決定すると、IPO（Initial Public Offering 新規公開株）の引き受けまたは発行を担当する投資会社のメンバーは、有望な投資家に投資機会を提示するため、「ロードショー」で全米を回ります。ほとんどのロードショーでは、ボストン、シカゴ、ロサンゼルス、ニューヨークなどの主要都市に立ち寄ります。

❷

We would love to visit your Chicago, IL, office to discuss our development.

ぜひ、貴社のイリノイ州シカゴオフィスを訪問し、弊社の開発についてお話しさせていただきたく存じます。

新規プロジェクトの提案

🔁 We are keenly interested in visiting you, to explain more about us.

弊社のことを詳しくご説明させていただくために、ぜひ貴社を訪問したいと考えております。

🔁 We are growing fast, and we would appreciate a chance to explain how you can be a part of this growth.

弊社は急成長しており、この成長の一端を貴社がどのように担っていただけるか説明する機会をいただければ幸いです。

プロジェクトの始動

💬 チャットや口語でも使える関連表現

🔁 We want you to get in on this opportunity. Would next Thursday or Friday at your offices do?

この機会にぜひ加わりませんか。そちらのオフィスで来週の木曜日か金曜日はいかがですか。

プロジェクト中の対応

🔁 Please get back to me with a time and date when we could drop by your offices to share our ideas.

弊社のアイデアを共有しに、貴社にお寄りしてよい日時をご連絡ください。

取引と交渉

助成金を申請する

To: Alen Macgabi
Subject: Grant request to build a robot

Dear Mr. Macgabi,

①<u>I am writing to you today to apply for a government grant.</u> We would like to build robots for the care industry in the US. The plan is to make a robot to help caregivers work efficiently. I also want to hire more people and make a new factory in Texas. This will help my business grow and give jobs to people in this industry.

I really want to help my community, so I would like to accomplish this soon. ②<u>I am interested to see how long a grant approval request usually takes.</u> Please let me know if I should provide more information.

Best Regards,
Yuki Miyamoto
President
Techno Robo Corporation

テクノロボ社の宮本さんは、新しいロボットの開発のために、政府の助成金を申請します。

宛先： アレン・マクガビ
件名： ロボットを構築するための助成金申請

マクガビ様

①本日は、政府の助成金を申請させていただきたくご連絡を差し上げました。私たちは米国において介護産業用のロボットを開発したいと考えています。本計画は、介護士が効率よく働けるようなロボットを作り出すことです。また、雇用を増やし、テキサスに新しい工場を建設したいと考えています。そうすることで、このビジネスが成長し、業界の人々に仕事を与えることができます。

私は地域社会のお役に立ちたいと切に望んでいますので、この計画を早く達成したいと考えています。②助成金の申請の承認には通常どれくらいの時間がかかるのか知りたいと思っています。より詳しい情報をお送りするべきか、どうぞお知らせください。

よろしくお願いいたします。
宮本由紀
代表取締役社長
株式会社テクノロボ

❶

I am writing to you today to apply for a government grant.

本日は、政府の助成金を申請させていただきたくご連絡を差し上げました。

- -

⇄ I am writing to you to file for* a government grant.

政府助成金の申請を行いたく、ご連絡を差し上げました。

* file for ～ ～に申し込む

- -

⇄ I am submitting a request for a government grant.

政府補助金の申請書を提出します。

- -

⇄ Kindly consider my formal request for a government grant.

政府助成金を正式に申請いたしますので、ご検討くださいますようお願い申し上げます。

- -

⇄ I would like to obtain financial assistance through a government grant.

政府補助金による資金援助を希望いたします。

💬 チャットや口語でも使える関連表現

⇄ I'm asking for a government grant.

政府の補助金を申請します。

- -

⇄ I'm seeking a government grant.

政府の助成金獲得の可能性を探っています。

❷

I am interested to see how long a grant approval request usually takes.

助成金の申請の承認には通常どれくらいの時間がかかるのか知りたいと思っています。

．．

🔁 I am keen to know how many days we have to wait for a grant approval request usually.

補助金の申請の承認は通常何日待つものなのか、ぜひ知りたいです。

．．

🔁 I am wondering how long a grant approval request usually takes.

助成金の申請の承認には通常どれくらいの期間がかかるのでしょうか。

💬 チャットや口語でも使える関連表現

🔁 How long does a grant approval request take?

助成金の申請の承認にはどれくらいの時間がかかりますか。

．．

🔁 What's the usual time for approving a request?

通常、申請の承認にかかる時間はどのくらいですか。

．．

🔁 Can you tell me how much time it normally takes to approve a grant?

助成金の承認に通常かかる時間を教えてください。

新規プロジェクトの提案

プロジェクトの始動

プロジェクト中の対応

取引と交渉

広告のローカライズを相談する

To: US PR Director Alex Johnson
Subject: Advertisements for robots, model
　　　　XAI-100G, in the US

Dear Mr. Johnson,

I hope this letter finds you well. I am writing to you in the hopes of advertising the robots in Japan. Specifically, ①I want to localize the advertising of the products for the Japanese market. This is because it will relate to our Japanese audience better. The advertisements of the model XAI-100G have surprised viewers for its futuristic functions and the robot is gaining popularity in the US.

②I believe that Japanese people will be impressed by these advertisements. If we can utilize them for the target audience, we can expect that the sales will grow in Japan. I know there are some strict regulations in Japan. However, despite these difficulties, I am certain we will make this project a success.

Best Regards,
Hiroshi Tanaka

田中さんは米国で成功している自社のロボットの広告を
日本市場に向けてローカライズしたいという案について、
米国本社の広報部長のジョンソンさんに伝えます。

宛先：米国広報部長アレックス・ジョンソン
件名：米国におけるロボット XAI-100G モデルの広告について

ジョンソン様、

お元気でお過ごしのことと存じます。日本でロボットの広告を出した
いと思い、ご連絡を差し上げました。具体的には、❶製品の広告を日
本市場向けにローカライズしたいのです。これは、日本の視聴者によ
りなじんでもらうためです。XAI-100G モデルの広告は、その未来的
な機能で視聴者を驚かせ、そしてこのロボットは米国で人気を集めて
います。

❷日本人はこの広告に感銘を受けると思います。ターゲット層に合わ
せて活用できれば、日本での売り上げの拡大も期待できます。日本に
は厳しい規制があることは承知しています。しかし、そうした困難が
あっても、わたしたちはこのプロジェクトを必ず成功させられると確信
しています。

では、よろしくお願いいたします。
田中弘志

❶

I want to localize the advertising of the products for the Japanese market.

製品の広告を日本市場向けにローカライズしたいのです。

⇄ I want to make the advertising of the products local for the Japanese market.

商品の広告を日本市場向けにローカライズしたいと考えています。

⇄ I want to modify the advertising of the products to fit the Japanese market.

商品の広告を日本市場に合うよう変更したいです。

⇄ I want to adjust the advertising of the products to accommodate the Japanese market.

商品の広告を日本市場に適応するように調整したいです。

💬 チャットや口語でも使える関連表現

⇄ I want to change the ads to orient locally.

広告を現地向けに変えたいです。

⇄ I want to make our product ads better for people in Japan.

当社の商品広告を日本人向けに改良したいです。

⇄ Let's update how we promote our products for Japanese customers.

日本の顧客向けに商品プロモーションの方法を更新しましょう。

I believe that Japanese people will be impressed by these advertisements.

日本人はこの広告に感銘を受けると思います。

🔁 I believe that the Japanese people will be moved by these advertisements.

この広告に日本人は心を動かされると思います。

💬 チャットや口語でも使える関連表現

🔁 No doubt that the ads will impress the Japanese people.

この広告が日本人に好印象を与えることは間違いありません。

🔁 Undoubtedly the ads will have a positive effect on the Japanese people.

間違いなく、この広告は日本人に良い影響を与えるでしょう。

 関連語句

新聞広告を出す
place a newspaper advertisement
run a newspaper ad

テレビ CM を出す
air a TV commercial
run a TV commercial

インターネット上に広告を出す
run online advertisements
advertise on the internet
place digital ads

著作物の使用許可を求める

To: Jacob Sleezy
Subject: Using oversees photos in our
        advertisements

Dear Mr. Sleezy,

I wanted to write you a letter to discuss the use of your overseas photos. My name is Toru Shimizu and I work from Japan. I am very interested in one of your photos called "The Blue Lake." I found it so beautiful and quiet that it could match our new product released in Japan. Could I apply to use it? I believe that using your photo will make my advertisements look unique and interesting. ①<u>With this photo, our company will stand a chance* against others in the market.</u>

In order to use this photo, I understand that I need to apply. ②<u>How do I apply to use this photo, and what are the conditions?</u> Once I receive the information, I will apply immediately. Thank you for your time and I look forward to doing business with you.

Best Regards,
Toru Shimizu

日本の企業に勤めている清水さんは、海外の写真家スリージーさんの作品を自社製品の広告に使いたいと思い、その使用許諾を求め、問い合わせをします。

宛先：ジェイコブ・スリージー
件名：広告への海外写真の使用について

スリージー様、

海外写真の使用についてご相談したく、ご連絡差し上げました。私は清水徹と申します。日本で働いております。あなたの「ブルー・レイク」という写真の一つにとても関心があります。とても美しく静かで、日本で発売した当社の新製品にふさわしいと思いました。使用の申し込みは可能でしょうか。あなたの写真を使うことで、私の広告が他にはない面白いものになると確信しています。❶ この写真を使用できれば、当社は市場で競合他社より秀でることができるでしょう。

この写真を使用するためには、申請が必要だと理解しています。❷ この写真の利用申請はどのようにすればよいでしょうか、また、どのような条件がありますでしょうか。情報をいただけましたら、すぐに申請させていただきます。お時間をいただきありがとうございます。今後ともよろしくお願いいたします。

それでは、失礼いたします。
清水 徹

＊stand a chance 見込みがある、有望である

①

With this photo, our company will stand a chance against others in the market.

この写真を使用できれば、当社は市場で競合他社より秀でることができるでしょう。

··

🔁 With this photo, our company will have some potential against others in the market.

この写真を使用できれば、当社は市場で他社に対抗できるようになるでしょう。

··

🔁 With this photo, our company can compete effectively in the market.

この写真を使用できれば、当社は市場競争を効果的に進められるでしょう。

··

🔁 With this photo, our company can have an advantage in the market.

この写真を使用できれば、当社は市場で優位に立てます。

💬 チャットや口語でも使える関連表現

🔁 This picture will give our company a competitive edge in the market.

この写真で当社は市場での競争力を得るでしょう。

··

🔁 I think this picture makes our company stand out.

この写真で当社は注目を浴びると思います。

··

🔁 This photo set our company apart from competitors.

この写真により、当社は競合他社と一線を画すことになりました。

How do I apply to use this photo, and what are the conditions?

この写真の利用申請はどのようにすればよいでしょうか、また、どのような条件がありますでしょうか。

⮐ How do I submit to use this photo, and what are the requirements?

この写真を使用するには、どのように申請すればよいですか、また、どのような要件がありますか。

⮐ How do I request to use this photo, and what are the rules?

この写真の使用依頼はどのようにすればよいでしょうか、また、どのような規定がありますか。

⮐ How do I inquire to use this photo, and what are the terms?

この写真を使用するにはどのようにすればよいでしょうか、また、どのような条件がありますか。

💬 チャットや口語でも使える関連表現

⮐ Please let me know how to apply and the conditions.

申し込み方法と条件を教えてください。

⮐ Please tell me how to apply and the rules.

申し込み方法と規定を教えてください。

⮐ Please give me an application process and the terms.

申し込みの手順と条件について教えてください。

部署名・職位の英語表記

メールを書くときに迷うのが部署名や職位の英語表記です。一般的なものを確認しておきましょう。

■ 部署名

Marketing and Sales Division マーケティング・営業部

Research and Development (R&D) Unit
研究開発 (R&D) 部門

Information Technology (IT) Department
情報技術 (IT) 部

Finance Department 財務部

Human Resources (HR) Department 人事部

Customer Relations Team 顧客窓口チーム

Operations and Logistics Division 業務・物流部門

Quality Assurance (QA) Team 品質保証 (QA) チーム

Legal Affairs Department 法務部

Public Relations (PR) Office 広報 (PR) 室

■ 職位

Sales Representative 営業担当

Public Relations Officer 広報担当

Financial Analyst 金融アナリスト

IT Specialist IT スペシャリスト

Research Scientist 科学研究員

Account Manager / Executive 取引先担当責任者

Human Resources Manager 人事部長

Operations Manager 業務部長

Quality Assurance Manager 品質保証部長

Legal Counsel 法律顧問

Chapter 4
取引と交渉

Main Story

アメリカの繊維メーカー、ギガノ・テキスタイル社（Gigano Textile Co.）は、自社の生産性向上を模索しています。東京を拠点とするカイゼン・マシンテック社（Kaizen Machin Tech Co.）の生産管理システムに興味を持ったシステム運用担当のマーティ・サンチェス（Marty Sanchez）さんはカイゼン・マシンテック社と取引交渉を始めます。

資料を求める

To: info@kaizenmachinetech.net
Subject: Automation Technologies

To whom it may concern,

I am writing to inquire about your technologies. I am especially interested in your production automation technologies. Specifically, ❶I would like to know more about the following:

· Purchase and lease options*
· Features of advanced models
· AI-connected models
· Pricing and services
· Other relevant information for a firm like ours

❷If possible, please provide business use cases or examples of how your products are being used at other firms. Thank you for your time, and I look forward to hearing back from you soon.

Sincerely,
Marty Sanchez
Gigano Textile

ギガノ・テキスタイル社のサンチェスさんは、自社の生産
改善のため、生産自動化技術に強いカイゼン・マシンテック社に問い合わせます。

宛先：info@kaizenmachinetech.net
件名：自動化技術

ご担当者様、

貴社の技術についてお尋ねしたくメールを差し上げました。特に貴社
の生産自動化技術に興味があります。具体的には、❶ 以下について詳
しくお伺いできると幸いです。

・購入とリースの際の選択肢
・先端機種の特徴
・AIと連携する機種
・価格とサービス
・弊社のような企業向けのその他の関連情報

❷ 可能であれば、貴社の製品が他の企業でどのように使用されている
か、ビジネスでの使用事例や実施例をご提示ください。お時間をいた
だきありがとうございます。近いうちにお返事いただけることをお待
ちしております。

では、よろしくお願いいたします。
マーティ・サンチェス
ギガノ・テキスタイル

＊lease option　リースの選択肢、リースオプション。契約満了時にオプションと
して購入する権利を持つこと。

①

I would like to know more about the following:

以下について詳しくお伺いできると幸いです。

. . . .

⇄ Please provide details about the following:

以下について詳細をご提示ください。

. . . .

⇄ Please offer more information about the following:

以下について詳細情報をご提供ください。

. . . .

⇄ I am interested in learning more about the following:

以下についてもっと知りたいと思っています。

💬 チャットや口語でも使える関連表現

⇄ I am looking for information on the following:

以下の情報を探しています。

. . . .

⇄ Please inform us about the following:

以下についてお知らせください。

⇄ 「〜について問い合わせたく、連絡しています」

be writing to inquire about 〜
be contacting you to find out about 〜
be emailing you about 〜
be writing to get information on 〜

❷

If possible, please provide business use cases or examples.

可能であれば、ビジネスでの使用事例や実施例をご提示ください。

....

⤵ If possible, please show us how your products are used.

可能であれば、御社の製品がどのように使用されているか教えてください。

....

⤵ If possible, please outline how businesses use your products.

可能であれば、企業が御社の製品をどのように使用しているか概説してください。

....

⤵ If at all possible, please explain how companies use your products.

少しでも可能であれば、企業が御社の製品をどのように使用しているかご説明ください。

💬 チャットや口語でも使える関連表現

⤵ Show us how customers use your products, if possible.

可能であれば、顧客が御社の製品をどのように使用しているか教えてください。

....

⤵ Give us examples of how companies use your products, if possible.

可能であれば、企業が御社の製品をどのように使用しているか例を挙げてください。

見積もりを依頼する

To: info@kaizenmachinetech.net
Subject: Price Quotes

To whom it may concern,

Thank you for sending me some introductory information about your company. After careful review, we are interested in several of your products and services. ①We request quotes on several of these technologies. Please see the details in the attachments.

We reviewed the product prices on your website. However, we are inclined toward* a long-term supplier agreement, with prices lower than those on your website. ②We expect competitive offers that are in line with* our potential relationship.

Sincerely,
Marty Sanchez
Gigano Textile

サンチェスさんはカイゼン・マシンテック社のサービスの
導入を検討するにあたり、見積もりを依頼します。

宛先：info@kaizenmachinetech.net
件名：価格見積もり

ご担当者様、

貴社の紹介資料をお送りいただき、ありがとうございました。慎重に
検討した結果、貴社の製品およびサービスのいくつかに興味を持ちま
した。❶これらの技術の数点に関し見積もりをお願いします。詳細は
添付ファイルをご覧ください。

貴社のウェブサイトで製品価格を確認しました。ですが、貴社のウェブ
サイトにある価格より抑えていただき、長期的なサプライヤー契約が
できればと考えております。❷貴社との関係の将来性に見合った競争
力ある提案を期待しております。

よろしくお願いいたします。
マーティ・サンチェス
ギガノ・テキスタイル

＊be inclined toward ～　～に傾く、～の気がある
＊in line with ～　～と一致して、～に合意して

①

We request quotes on several of these technologies.

これらの技術の数点に関し見積もりをお願いします。

⇄ We ask for quotes on several of these technologies.

これらの技術のいくつかに関し見積もりをお願いします。

⇄ Please send us quotes on some of these technologies.

これらの技術の数点に関し見積もりを送ってください。

⇄ Please submit quotes on some of these technologies.

これらの技術の数点に関し見積もりを提出してください。

💬 チャットや口語でも使える関連表現

⇄ Give us quotes on some of your technologies.

貴社の技術の数点について見積もりをください。

⇄ We need quotes on some of your technologies.

貴社の技術の数点に関し見積もりが必要です。

❷

We expect competitive offers that are in line with our potential relationship.

貴社との関係の将来性に見合った競争力ある提案を期待しております。

⇄ We expect low prices that fit what we could do together.

両社が協力する利点に見合った低価格を期待しています。

⇄ We want good deals that match how we might work together.

両者が協力する可能性に見合った良い取引を望んでいます。

⇄ We are looking for a discount that goes well with our possible future connection.

将来性のある私たちの関係に見合った割引を期待しています。

💬 チャットや口語でも使える関連表現

⇄ Please give us a low price.

価格を抑えていただけますか。

⇄ We are looking for a low price.

低価格を期待しています。

見積もりを送るメール

To: m-sanchez@giganotextile.net
Subject: Re: Price Quotes

Dear Mr. Sanchez,

I have been assigned your account manager. I understand that you want lower prices in return for a long-term agreement. We appreciate your interest. I have attached quotes lower than those on our website. Please review them, along with other agreement terms, such as service and maintenance.

We believe that these will satisfy your needs. Please contact me to confirm that these terms suit you, and then we will send you an agreement. If you have any questions, please do not hesitate to contact me. We hope for a valuable business relationship.

Sincerely,
Janis Yamaguchi
Kaizen Machine Tech

カイゼン・マシンテック社はギガノ・テキスタイル社の値下げ依頼に応じ、担当者となった山口さんが見積もりを送ります。

宛先：m-sanchez@giganotextile.net
件名：Re: 価格見積もり

サンチェス様、

私が貴社の顧客責任者を担当させていただきます。長期契約の代わりに値下げをご希望とのこと、承知しております。ご関心をお寄せいただき感謝申し上げます。弊社ウェブサイトに記載の価格よりも抑えた価格の見積もりを添付しました。サービスやメンテナンスなど他の契約条件と合わせて再度ご検討ください。

私どもは貴社のご要望に、こちらでお応えできると確信しております。これらの条件が貴社に適しているか確認したく考えておりますので、私までご連絡ください。その後、契約書をお送りいたします。ご質問がございましたら遠慮なくお知らせください。価値ある取引関係を構築できれば幸いです。

よろしくお願いいたします。
山口ジャニス
カイゼン・マシンテック

取引条件を加える

To: j-yamaguchi@kaizenmachinetech.net
Subject: Re: Re: Price Quotes

Dear Ms. Yamaguchi,

After careful consideration, we have decided to accept nearly all of your sales terms. ①There is only one caveat*: we want the contract length to be 12 months instead of 18 months. Assuming that is acceptable to you, we are willing to finalize a contract.

Ordinarily, both boards might meet in person for a joint signing of these documents. However, we would like to have the signing done over a videoconference. That would save everyone time and expense. ②Please reply with your agreement, and we can finalize everything.

Sincerely,
Marty Sanchez
Gigano Textile

ギガノ・テキスタイル社はカイゼン・マシンテック社との
取引を決定しました。サンチェスさんは、カイゼン・マシ
ンテック社の山口さんに最後の条件を伝えます。

宛先 : j-yamaguchi@kaizenmachinetech.net
件名 : Re: Re: 価格見積もり

山口様、

慎重に検討した結果、貴社の販売条件をほぼ全て承諾の旨、決定いた
しました。 ❶ 1つだけご留意いただきたいことがございます。契約期
間は 18 か月ではなく 12 か月を希望しております。その点をご了承く
ださいましたら、契約をまとめさせていただきます。

通常であれば、両取締役が直接お会いして書類に共同署名することに
なります。しかし、私どもではビデオ会議で署名を行えればと考えてお
ります。そうすることで、時間と費用を節約できます。 ❷ ご同意いただ
くお返事をくだされば、全てをまとめることができます。

どうぞよろしくお願いいたします。
マーティ・サンチェス
ギガノ・テキスタイル

*caveat （〜という）ただし書き、注意書き

①

There is only one caveat: we want the contract length to be 12 months.

1つだけご留意いただきたいことがございます。契約期間は12か月を希望しております。

．．

↹ There is a single exception: we want the contract period to be 12 months.

1点だけ例外があります。契約期間を12か月にしたいと考えております。

．．

↹ We only have one stipulation*: we want the agreement period to be 12 months.

ただ1つ条件があります。契約期間を12か月にさせていただきたいのです。

　*stipulation（契約の条件としての）規定、要求

．．

↹ We merely have one proviso*: we want the contract terms to be 12 months.

ただ1つ条件があります。契約期間を12か月にしていただきたいです。

　*proviso（契約などの）ただし書き、条件

💬 チャットや口語でも使える関連表現

↹ Please understand that we want the contract period to be 12 months.

契約期間12か月を希望しておりますこと、ご理解をお願いします。

．．

↹ We want the contract terms to be 12 months.

契約期間12か月を希望しています。

2

Please reply with your agreement, and we can finalize everything.

ご同意いただくお返事をくだされば、全てをまとめることができます。

🔁 Please respond with your agreement, and we can complete our work.

ご承諾の上ご返信くだされば、私たちの仕事を完了させられます（私たちが取り組んできた契約を成立させることができます）。

🔁 Please reply with your contract, so we can finish this task.

契約書をご返信くだされば、この作業（契約成立に向けたやりとり）を終えることができます。

🔁 Please answer with your contract, and we can complete this process.

ご契約のお返事をいただいたら、この（契約成立に至る）過程を完了させることができます。

💬 チャットや口語でも使える関連表現

🔁 We can get everything done with your agreement.

貴社の同意があれば、全て終わらせることができます。

🔁 We can wrap everything up* with your contract.

ご契約いただければ、全てを仕上げられます。

　*wrap ~ up / wrap up ~　~を終える、まとめる

会社の許可を求める

To: Board Members
Subject: Permission to Change

Dear board,

We have a potential new client, Gigano Textile Co., which could be quite profitable over time. ①<u>I recommend that we make an exception for this client.</u> I know that we have a formal policy of contracts being 18 months long. However, by allowing a 12-month contract, as an exception requested by this client, we could enter a profitable long-term business relationship.

I have attached some financial projections to support my recommendations. ②<u>These projections have been validated by the accounting department.</u> Please feel free to ask me any questions about them. I hope that you will approve this proposal after careful consideration.

Sincerely,
Janis Yamaguchi

山口さんは、ギガノ・テキスタイル社の提示した条件を
認めて取引を成立させるため、取締役にその許可を仰ぎ
ます。

宛先：役員会
件名：変更の許可

役員の皆様、

ギガノ・テキスタイル株式会社という、長期的にかなりの利益を生む
可能性のある新規顧客がいます。❶この顧客に関して例外を認めるこ
とを提案します。契約期間を 18 か月とする正式な方針が当社にある
ことは承知しています。しかし、この顧客から求められているように例
外として 12 か月の契約を認めることで、収益性の高い長期的な取引
関係を築くことができます。

この提案を裏付ける財務予測を添付します。❷この予測は経理部によ
り妥当であると承認されています。ご質問があればお気軽にお尋ねく
ださい。慎重にご検討の上、本提案をご承認いただけますようお願い
申し上げます。

では、よろしくお願いいたします。
山口ジャニス

🔁 言い換えフレーズ

❶

I recommend that we make an exception for the client.

この顧客に関して例外を認めることを提案します。

....

🔁 I suggest we consider an exemption* for the client.

このクライアントのために適用除外を検討してみてはいかがでしょうか。
＊exemption 免除、適用除外

....

🔁 I propose an exception be extended to the client.

この顧客に例外を適用することを提案いたします。

....

🔁 I advise that we grant an exception for this client.

このクライアントに例外を認めてはいかがでしょうか。

💬 チャットや口語でも使える関連表現

🔁 Perhaps we can be flexible for this client.

この顧客には柔軟に対応できるかもしれません。

....

🔁 We could cut this client some slack*.

このクライアントは少し大目に見てもいいでしょう。
＊cut ～ some slack ～を大目に見る

....

🔁 I propose to make a special case for this client.

この顧客には特例を認めることを提案します。

❷

These projections have been validated by the accounting department.

この予測は経理部により妥当であると承認されています。

....

🔁 These predictions have been approved by the accountant's department.

この予測は経理部に承認されています。

....

🔁 These calculations have been certified by the accounting division.

この計算は会計部門に認定されています。

....

🔁 These estimations have been authorized by the financial department.

この試算は財務部により承認済みです。

💬 チャットや口語でも使える関連表現

🔁 Please understand that our AD* has approved these figures.

弊社の経理部がこれらの数字を承認していますのでご了承ください。
＊AD accounting department / division（経理部）の略。

....

🔁 We've got approval from the AD regarding these numbers.

これらの数字に関しては経理部の承認を得ています。

会社が提案を却下する

To: Janis Yamaguchi
Subject: Re: Permission to Change

Dear Janis,

Thank you for your thoughtful and well-researched proposal on granting Gigano Textile Co. a 12-month contract instead of an 18-month one. However, ①after due consideration, we have decided not to move ahead with your proposal.

While you made some interesting points in your proposal, we have devised a strict 18-month contract policy because it ensures a minimum amount of profitability for each client that we have. If possible, ②please re-engage with this client to see if they will agree to an 18-month contract. We are willing to support your efforts in doing this.

Sincerely,
Board of Directors

カイゼン・マシンテック社の役員会は、ギガノ・テキスタイル社との契約期間の変更は認めないことを決定し、山口さんにそれを伝えます。

宛先：山口ジャニス
件名：Re: 変更の許可

ジャニスさん、

ギガノ・テキスタイル社に 18 か月契約ではなく 12 か月契約を認めるという、よく考えられ、調査された提案をしてくれてありがとうございました。しかし、①<u>熟慮の結果、その提案を採用しないことに決定しました</u>。

提案には興味深い点もありましたが、わが社としては、各取引先に対し最低限の収益性を確保するため、18 か月契約という厳しい方針を設けています。可能であれば、②<u>この顧客と再度交渉し、18 か月契約に同意してもらえるかどうか確認してください</u>。そのための努力は前向きに支援します。

では、よろしくお願いします。
役員会

❶

After due consideration, we have decided not to move ahead with your proposal.

熟慮の結果、その提案を採用しないことに決定しました。

🔁 After ample consideration, we have determined not to proceed with your proposal.

十分に検討した結果、貴殿の提案を進めないことに決定しました。

🔁 Following much consideration, we have chosen not to advance with your proposal.

十分検討した結果、貴殿の提案を進めないことにしました。

🔁 Following careful deliberation, we have opted against moving ahead with your provided proposal.

慎重に検討した結果、提出された提案を進めない選択をしました。

💬 チャットや口語でも使える関連表現

🔁 On second thought, we have decided to decline your idea.

再検討しましたが、その考えを採用しないことにしました。

🔁 After careful thought, we won't move forward.

慎重に検討した結果、前に進めることはありません。

❷

Please re-engage with this client to see if they will agree to an 18-month contract.

この顧客と再度交渉し、18 か月契約に同意してもらえるかどうか確認してください。

⇄ Kindly reestablish contact with the client to explore the possibility of securing an 18-month contract.

クライアントと再度連絡を取り、18 か月契約の可能性を探ってください。

⇄ Please reconnect with the client to ascertain their willingness to commit to an 18-month contract.

クライアントと連絡を取り直し、18 か月契約を結ぶ意思があるか確認してください。

💬 チャットや口語でも使える関連表現

⇄ Could you contact this client again regarding an 18-month deal?

18 か月契約に関し、もう一度このクライアントに連絡してもらえますか。

⇄ Would you return to the client with the idea of an 18-month deal?

18 か月契約を念頭に置いて、この顧客に再度連絡を取っていただけますか。

⇄ Please reach out to* the client again about an 18-month contact.

18 か月契約について、もう一度このクライアントに連絡を取ってください。

    *reach out to ～　～に連絡する、接触する

条件が合わないことを伝える

To: m-sanchez@giganotextile.net
Subject: Re: Re: Re: Price Quotes

Dear Mr. Sanchez,

After further consideration, we have decided to decline your sales terms. ❶Since you cannot meet our proviso, we cannot agree to the rest of the contract.

We hope you will change your mind about the contract length because ❷that single term is very important and we cannot concede on it. If you change your mind, please let us know. We still hope to do business with you.

Sincerely,
Janis Yamaguchi
Kaizen Machine Tech

契約期間についての要望が通らなかったので、山口さん
はサンチェスさんに断りの連絡をします。しかし、彼女は
ギガノ・テキスタイル社との取引を諦めてはいません。

宛先：m-sanchez@giganotextile.net
件名：Re: Re: Re: 価格見積もり

サンチェス様、

さらに検討を重ねましたが、貴社の販売条件をお断りすることにいた
しました。❶ 私どもの提案条件を満たしていただけないので、残りの
部分の契約には同意しかねます。

契約期間について、お考え直していただけることを希望しています。な
ぜなら、❷ その点については非常に重要であり、そこに関しては譲歩
しかねます。もしお考えが変わりましたら、ぜひご連絡ください。弊社
としましては、貴社とお取り引きできることを引き続き希望しておりま
す。

では、よろしくお願いいたします。
山口ジャニス
カイゼン・マシンテック

⇄ 言い換えフレーズ

❶

Since you cannot meet our proviso, we cannot agree to the rest of the contract.

私どもの提案条件を満たしていただけないので、残りの部分の契約には同意しかねます。

⇄ Since you cannot match our requirements, we cannot agree to the remaining contract.

弊社の要件と合いませんので、残りの契約には同意しかねます。

⇄ As you cannot meet our needs, we cannot accept the remaining contract.

弊社のニーズに応えていただけないので、残りの契約はお受けいたしかねます。

⇄ As you cannot meet our conditions, we cannot strike a deal* with the contract left.

弊社の条件を満たせていないので、残された契約は結びかねます。

＊strike a deal 契約を結ぶ、合意に達する

💬 チャットや口語でも使える関連表現

⇄ We can't accept the remaining contract in this condition.

この条件では、残りの契約を受け入れることはできません。

⇄ We are having second thoughts about the rest of the contract.

残りの契約について再考中です。

❷

That single term is very important and we cannot concede on it.

その点については非常に重要であり、そこに関しては譲歩しかねます。

⇄ As this aspect of the agreement is essential, our team will not be able to make any concessions.

取り決めにおいてこの点は欠かせないものなので、当チームはいかなる譲歩もできかねます。

⇄ Due to the utmost importance of this term, we will not make any compromises.

この条項が極めて重要であるため、いかなる妥協もいたしません。

⇄ Given the crucial aspect and significance of this term, we will not re-negotiate.

この条項の重要な側面と意義を考慮し、再交渉は行いません。

💬 チャットや口語でも使える関連表現

⇄ As this is important, we will not give in.

これは重要なことなので、弊社は譲歩しません。

⇄ With how crucial this is, we cannot be flexible.

これがいかに重要であるかを考えると、柔軟に対応しかねます。

🔍 関連語句

譲歩　**concession**（議論を終わらせるための）譲歩
　　　compromise（対立する両者が譲り合うことでの）妥協、譲歩

ロイヤルティの説明をするメール

Subject: Royalties Explanation

I wanted to contact you about the online clothing business that you have started. To operate this business, you will have to pay 10% in royalties. These royalties will be paid to Gigano Textile Co.

Your sales are strictly managed by Gigano's headquarters, so the percentage is calculated automatically. These royalty fees will be deducted online each month automatically as well. Please reach out to me if there is anything you would like me to elaborate on*.

件名：ロイヤルティの説明

あなたが始められたオンライン衣料品ビジネスについて、ご連絡したいと思っていました。このビジネスを運営するためには、あなたは 10 パーセントのロイヤルティを支払う必要があります。このロイヤルティは、ギガノ・テキスタイル社に支払われるものです。

貴殿の売上はギガノの本社が厳重に管理していますので、パーセンテージに関しては自動的に計算されます。これらのロイヤルティも同様に毎月自動的にオンラインで引き落とされます。詳しい説明が必要なことが何かございましたら、どうぞお知らせください。

*elaborate on ～　～を詳しく説明する

Chapter 5
クレーム・問い合わせと その対応

Main Story

キシクロ・ショッピング社（Xyclo Shopping Co.）は、オンライン通販サイトを運営する企業です。本拠地は大阪ですが、北米を中心に事業を展開しています。しかし、商品や配達について、顧客からのクレームを受けることもあります。顧客の信頼を得るために丁寧な顧客対応を心がけています。

クレーム「商品に不備がある」

To: customer_service@xycloshopping.com
Subject: Incomplete orders

To whom it may concern,

Over the winter holidays, I bought several gifts from your company for my friends and family, but there was a problem. I had ordered a complete living room furniture set for my mother in Vancouver. However, the order arrived without two coffee tables that should have been included. ❶I was disappointed and embarrassed by the situation. Moreover, it took too long to have the missing tables sent to my mother.

❷Just a heads up*, that was not the only thing. Another gift—a golf club set that was ordered for my uncle in Miami—also arrived missing several items. Again, it was very embarrassing.

This was my first time ordering from your company, and I think I will never do so again. Your company has to do better.

Regards,
Carl Morton

キシクロ・ショッピングのサイトで買い物をしたモートンさんは、商品の不備についてカスタマーサービスに苦情を伝えます。

宛先：customer_service@xycloshopping.com
件名：注文した商品の不足

ご担当社様、

冬の休暇時期にかけて、友人や家族への贈り物をいくつかそちらから購入しましたが、問題がありました。バンクーバーの母にリビングルームの家具一式を注文しました。しかし、届いたセットには、含まれているはずのコーヒーテーブルが2つ入っていませんでした。❶私はこの状況にがっかりし、恥ずかしい思いをしました。しかも、足りないテーブルを母に送ってもらうのにすごく時間がかかりました。

❷ご注意いただきたいのですが、それだけではありませんでした。他の贈り物、つまりマイアミに住む叔父のために注文したゴルフクラブセットですが、これも届いたときにいくつか商品が入っていませんでした。ここでまた、気まずさを感じました。

そちらに注文したのは今回が初めてでしたが、もう二度と注文しないと思います。あなた方には改善が必要でしょう。

それでは失礼します。
カール・モートン

＊heads up / heads-up　警告、注意喚起

①

I was disappointed and embarrassed by the situation.

私はこの状況にがっかりし、恥ずかしい思いをしました。

⇄ I was let down and shamed by the situation.

私はこの状況に失望し、恥ずかしい思いをしました。

⇄ I was saddened and left awkward by the situation.

私はこの状況に心を痛め、気まずくなりました。

⇄ I was miserable and uncomfortable with the situation.

私はこの状況に惨めで不快な思いをしました。

💬 チャットや口語でも使える関連表現

⇄ I was bummed out* by the situation.

私はこの状況にがっかりしました。
　*bummed out がっかりした、悲しい（口語表現）

⇄ The situation embarrassed me.

この状況に困ってしまいました。

⇄ I disliked the situation.

私はこの状況が嫌でした。

❷

Just a heads up, that was not the only thing.

ご注意いただきたいのですが、それだけではありませんでした。

....

🔁 Just to let you know, that was not the only problem.

ただ知っておいていただきたいのですが、問題はそれだけではありませんでした。

....

🔁 Before I forget, there were additional problems/issues.

忘れないうちに伝えますが、さらなる問題・課題がありました。

....

🔁 Just a word of caution, it's not the sole issue.

一応お伝えしておきますが、それだけが問題ではありません。

💬 チャットや口語でも使える関連表現

🔁 Heads up, that's not all.

注意してください、それが全てではありません。

....

🔁 By the way, there's more.

ちなみに、まだあります。

商品不備のクレームに対応する

To: carlmorton@jnet.com
Subject: Re: Incomplete orders

Dear Mr. Morton,

We are very sorry to hear about your bad experience with our deliveries reaching you with some items missing. Our goal is to delight every customer, so ❶ we want to tackle this issue seriously and put this right.

To that end, we have attached a digital gift voucher for $50. You can use it on any products or services in our online store. In addition, we are awarding you 50 loyalty points. ❷ This is a token of our appreciation for you as a customer.

Please expect your experiences going forward with us to be positive.

Yours sincerely,
Customer Service Team
Xyclo Shopping

モートンさんからの商品の不備についての苦情に対応し、
補償を提示するメールです。

宛先：carlmorton@jnet.com
件名：Re: 注文した商品の不足

モートン様、

一部の商品を欠いている状態でお届けしてしまったこと、ご不快な思
いをさせてしまい、大変申し訳ございませんでした。私どもは全てのお
客様に喜んでいただくことを目指しておりますので、❶この問題に真
剣に取り組み、これを解決したいと考えています。

そのため、50ドルのデジタルクーポン券を添付させていただきまし
た。このクーポン券は、私どものオンラインストアにある全ての商品ま
たはサービスにご利用いただけます。さらに、お得意様ポイントとして
50ポイント進呈いたします。❷これはお客様に対する私どもの感謝の
しるしです。

お客様のご利用がより良いものになるよう努めますので、ご期待いた
だきたく存じます。

今後ともよろしくお願い申し上げます。
カスタマーサービスチーム
キシクロ・ショッピング

❶

We want to tackle this issue seriously and put this right.

私たちはこの問題に真剣に取り組み、これを解決したいと考えています。

⇄ We want to work on this problem sincerely and make this right.

私たちはこの問題に真摯に取り組み、これを正したいと考えています。

⇄ We want to handle this case actively and set this right.

私たちはこの件を積極的に処理し、これを正したいと考えています。

⇄ We want to address this affair genuinely and do this right.

私たちはこの問題に誠実に取り組み、これを正したいと考えています。

💬 チャットや口語でも使える関連表現

⇄ Let's take this seriously.

この件に真剣に取り組みましょう。

⇄ Let's fix this situation.

この状況を解決しよう。

②

This is a token of our appreciation for you as a customer.

これはお客様に対する私たちからの感謝のしるしです。

⇄ This is our token of appreciation for you as a shopper.

これはお客様に対する私たちからの感謝のしるしです。

⇄ This is our expression of thanks for you as a customer.

これはお客様に対する私たちからの感謝の気持ちです。

⇄ This is a small symbol of our gratitude for you as a client.

これはお客様に対する私たちからの感謝のしるしです。

💬 チャットや口語でも使える関連表現

⇄ We want to express our appreciation.

私たちは感謝の気持ちを伝えたいのです。

⇄ Please let us show our gratitude.

どうか感謝の気持ちを伝えさせてください。

⇄ Please accept this as a sign of thanks.

感謝のしるしとしてお受け取りください。

⇄ This is to show how much you mean to us.

これはお客様が私たちにとってどれほど大切な存在であるかを示すためのものです。

クレームを伝えるフレーズ

I am writing because of a service issue.

サービスに問題があったのでメールを差し上げています。

Your delivery speed is too slow.

配達が遅すぎます。

Your company advertises that "express delivery" brings items to customers within three to five days. However, you delivered them after three weeks.

貴社は「速達便」で3～5日以内に顧客に商品を届けると宣伝しています。しかし、そちらが商品を届けたのは3週間後でした。

One payment even took 21 days to process. This simply cannot continue.

ある支払いは処理に21日もかかりました。これでは継続できかねます。

Please improve your service as soon as possible, or we may have to withdraw from your website.

一刻も早くサービスを改善してください。そうでなければ、貴社のウェブサイトを退会せざるを得ないでしょう。

クレームに対応するフレーズ

We are very sorry to hear that you were unsatisfied with our service speed and prices.

弊社のサービスの速度と価格にご満足いただけなかったとのこと、誠に申し訳ございません。

Upon reviewing your account, we noted that it is set for standard shipping.

お客様のアカウントを確認したところ、通常配送に設定されていることがわかりました。

We are giving you a complimentary* 30-day upgrade to express delivery

30日間無料の速達便にアップグレードさせていただきます。

　＊complimentary　無料の

As a way of stating that we are sorry, we have also attached a digital coupon for 20% off your next purchase with us.

おわびのしるしとして、次回のお買い物が20パーセントオフとなるデジタルクーポンも添付させていただきます。

Your future experiences with us should be both satisfying and valuable to you.

今後も当社をご利用いただければ、お客様にとって満足のいく、価値あるものになるはずです。

SNS炎上の対応方針を伝えるメール

To: All Employees
Subject: Social Media Issues

Dear all,

I know that there is an online controversy regarding some recent complaints about our service. I want to offer guidance on how we should handle this issue.

First, all employees should avoid this social media discussion. Instead, please allow our PR Department to manage and respond to this situation. They are responsible for all company communications, especially at times like these.

Second, I want to assure every employee that we take customer complaints very seriously. Customer feedback is very valuable to us. We are committed to making improvements that address any issues raised by our customers.

Best regards,
Mika Sasaki
PR Department

キシクロ・ショッピング社へのいくつかの苦情が SNS で
広がってしまいました。広報部長の佐々木さんは従業員に
どのように対応するかを伝えます。

宛先：全従業員
件名：SNS での問題

各位、

当社のサービスに関する最近の苦情がネット上で論争になっていると
承知しています。この問題にどう対処すべきかの指針を示したいと思
います。

まず、従業員の皆さんはこのような SNS 上の議論は避けてください。
その代わり、この事態の管理と対応は広報部に任せてください。広報
部は、特にこのような場合、会社の全てのコミュニケーションに責任を
負います。

第二に、私たちは顧客からの苦情を真摯に受け止めるということを、
従業員の皆さんにも断言したいと思います。お客様からのご意見は弊
社にとって非常に価値あるものです。お客様にご指摘いただく問題点
に対処する改善の取り組みに、全力を尽くしましょう。

では、よろしくお願いいたします。
佐々木美香
広報部

注文内容を変更する

To: s-fujiwara@bionipponnpharm.co.jp
Subject: Purchase Order Change (Order
　　　　JB2229875KL)

Dear Ms. Fujiwara,

I am contacting you about the order number in the subject line of this email. ①We would like to make the following changes:

Provalon A: +200 packages
Toarocap: +50 packages
Epabezen: +120 packages
Scalizokova tablets: -30 packages
Elevanor tablets: -10 packages

②All other orders remain unchanged. Please update this order and then email me a copy.

Thank you for your cooperation.

Sincerely,
Sally Henderson

バイオ日本製薬の藤原さんは、取引先から注文内容変更
のメールを受け取ります。

宛先：s-fujiwara@bionipponnpharm.co.jp
件名：発注書の変更（発注 JB2229875KL）

藤原様、

本メールの件名にある注文番号についてご連絡いたします。❶私ども
は以下の変更を行いたいと考えております。

プロバロン A	：200 パッケージ増
トアロキャップ	：50 パッケージ増
エパベゼン	：120 パッケージ増
スカリゾコバ錠	：30 パッケージ減
エレバノール錠	：10 パッケージ減

❷その他の注文は全て変更ありません。この注文を更新して、注文書
のコピーをメールで送ってください。

お手数をおかけいたします。

よろしくお願いいたします。
サリー・ヘンダーソン

①

We would like to make the following changes.

私どもは以下の変更を行いたいと考えております。

....

⇄ We would like to change the following order.

私どもは以下の注文を変更したいと考えております。

....

⇄ We would like to change the items we ordered.

私どもは注文した商品を変更したいと考えております。

....

⇄ It would be great if you could accept the following changes.

以下の変更をご承知いただけますと幸いです。

💬 チャットや口語でも使える関連表現

⇄ I want to make the following changes.

以下のように変更したいと考えています。

....

⇄ I want to change the following order.

以下の注文を変更したいと考えています。

....

⇄ Let me make the following changes.

以下のように変更させてください。

❷

All other orders remain unchanged.

その他の注文は全て変更ありません。

⮂ All other orders have no change.

他の全ての注文に変更はありません。

⮂ All other orders stay the same.

他の全ての注文はそのままです。

⮂ All other orders will continue as before.

他の全ての注文は引き続き以前と同じです。

💬 チャットや口語でも使える関連表現

⮂ There's nothing to alter all other orders.

他の全ての注文を変更することはありません。

⮂ You don't need to change all other orders.

他の注文はどれも変更する必要はありません。

📖 関連語句

受発注書類　**purchase order** 発注書　略 PO, P/O

bill 請求書

invoice 明細付き請求書、納品請求書

receipt 領収書、受領書

問題について説明する

To: henderson@indiapxpharmacy.net
Subject: Stock Problems

Dear Ms. Henderson,

Thank you for your order in your last email. ①Unfortunately, we have been experiencing a stocking shortage recently. I understand you wanted to increase your order of Provalon A by 200 packages. However, we currently only have 100 packages of Provalon A in stock. I have placed an express order* with our manufacturing division to fix this. I am terribly sorry for the inconvenience.

②This is a fairly common issue during our busy season of April-June. Likewise, we have a shortage of materials to produce Provalon A, which is causing order issues. We are working to remediate* this as soon as possible.

Best Regards,
Shoko Fujiwara
Bio Nippon Pharmaceuticals Co.

バイオ日本製薬では繁忙期に在庫が足りなくなるという問題があります。藤原さんは取引先にその事情を説明します。

宛先：henderson@indiapxpharmacy.net
件名：在庫の問題

ヘンダーソン様、

前回のメールでのご注文ありがとうございました。❶ 残念ながら、最近在庫不足が続いております。プロバロンＡのご注文で 200 パッケージの追加をご希望と伺っています。しかしながら、現在プロバロンＡの在庫が弊社には 100 パッケージしかございません。この問題を解決するため、製造部門に特急で発注しました。ご迷惑をおかけして大変申し訳ございません。

❷ これは４月から６月の繁忙期にはよくあることです。同様に、プロバロンＡを製造するための材料が不足しており、それが発注問題の原因となっています。可能な限り早急に改善できるよう努めております。

よろしくお願いいたします。
藤原翔子
バイオ日本製薬

＊place an order　発注する、注文する
＊remediate　〜を改善する、修正する

⇄ 言い換えフレーズ

❶

Unfortunately, we have been experiencing a stocking shortage recently.

残念ながら、最近在庫不足が続いております。

⇄ Sadly, we are seeing a stock deficit currently.

残念ながら、現在在庫不足となっております。

⇄ Regrettably, we have been having a lack of inventory right now.

恐れ入りますが、只今在庫が不足しております。

⇄ Regrettably, we have been dealing with an inadequate inventory lately.

あいにくですが、最近は不十分な在庫で対応しております。

💬 チャットや口語でも使える関連表現

⇄ Sorry to say we've had a stock shortage lately.

申し訳ございませんが、最近は在庫が不足しています。

⇄ I'm afraid we've had a shortage of stock.

恐れ入りますが、在庫が不足しています。

②

This is a fairly common issue during our busy season of April-June.

これは4月から6月の繁忙期にはよくあることです。

....

⇄ This is a reasonably typical affair during our occupied period of April-June.

4月から6月にかけて弊社が立て込む時期にはよくあることです。

....

⇄ This is an adequately familiar concern during our working time of April-June.

4月から6月の弊社の営業時には、往々にして見られる懸案事項です。

....

⇄ This is quite a familiar problem during the active months of April-June.

これは4月から6月にかけての弊社の繁忙期間中によくある問題です。

💬 チャットや口語でも使える関連表現

⇄ This is a common issue during our busy season.

これは弊社の繁忙期によくある問題です。

....

⇄ This is our seasonal issue of the year.

これは毎年この時期になると生じる問題です。

注文を確認するフレーズ

The items that you ordered are different from the usual brand, so we would like to confirm.

ご注文いただいた商品が通常のブランドと異なりますので、確認させていただきたいと思います。

....

The ordered items are different from usual, so we would like to check.

ご注文の商品がいつもと異なるので、確認させていただきたいと存じます。

....

The content of your order is different from the usual ones, so we would like to reconfirm.

ご注文内容が通常と違いますので、再確認させていただきたく存じます。

....

We are missing some information.

情報がいくつか足りません。

....

We don't have the required information.

必要な情報がありません。

....

We cannot find some necessary figures.

必要な数字を見つけられません。

....

We require some more information. 💬

もう少し情報が必要です。

....

Please complete this information. 💬

この情報を記入（入力）してください。

Chapter 6
社内での業務・イベント

Main Story
パワー・スピード・ソフト社 (Power Speed Soft Co.) は、日本、韓国、ベトナム、シンガポールにオフィスを構えるアメリカの中堅テクノロジー企業です。社内では会社の成長戦略のためのキャンペーンを行うほか、ピクニックなどのイベントも盛んです。

アイデアを募集する
（アイデア募集キャンペーン）

To: All Staff
Subject: Call for Ideas Campaign

Dear All,

As we expand globally, I am excited to invite each of you to contribute to our Idea Chest Campaign.

❶ **Our success is built on innovation, and your insights are part of that innovation.** Whether it is product development, market strategies, or customer experiences, we want to hear from you.

❷ **Please take a moment to share your thoughts and suggestions with us.** Feel free to submit your ideas, regardless of your position or title within the firm. If your idea is accepted and used, you will receive a one-time cash bonus of ¥50,000. Please upload your ideas to the company's cloud system.

Sincerely,
Etsuko Yamamoto
Project Planning & Development Department

パワー・スピード・ソフト社企画開発部の山本さんは、事業拡大のためのアイデアを募るキャンペーンの担当です。全スタッフにキャンペーンのお知らせをします。

宛先：全スタッフ
件名：アイデア募集キャンペーン

各位、

グローバルな事業展開に伴い、ぜひ、アイデア募集キャンペーンにご協力いただきたいと思います。

❶当社の成功は革新の上に成り立っており、皆さんの見識はその革新の一部です。 商品開発でも、市場戦略でも、あるいは顧客満足体験でも、皆さんから意見をお聞きしたいと思います。

❷ぜひ時間を割いていただき、皆さんの考えていること、提案したいことをお聞かせください。 社内での役職や肩書きに関係なく、お気軽にアイデアをお寄せください。アイデアが採用された方には、5万円の一時金ボーナスが現金で支給されます。会社のクラウドにアイデアをアップロードしてください。

では、よろしくお願いいたします。
山本悦子
企画開発部

❶

Our success is built on innovation, and your insights are part of that innovation.

当社の成功は革新の上に成り立っており、皆さんの見識は
その革新の一部です。

....

🔁 Innovation is the core of our success, and
your contributions play a significant role
in fostering innovation.

革新は当社の成功の中核であり、皆さんの貢献は革新を促進する上で重
要な役割を果たします。

....

🔁 Our achievements are rooted in
innovation, and your perspectives are
integral to that same innovative spirit.

当社の業績は革新に根ざしており、皆さんの視点はその同じ革新の精神
に不可欠です。

💬 チャットや口語でも使える関連表現

🔁 We thrive on* new ideas including yours.

皆さんのアイデアも含め、当社は新しいアイデアを糧に成長しています。
　*thrive on ～　～で栄える、～によって成功する

....

🔁 We're successful because we all think
outside the box*.

私たちが皆、既成概念にとらわれない発想をしているから当社の成功が
あるのです。
　*think outside the box　型にはまらず自由な考え方をする

❷

Please take a moment to share your thoughts and suggestions with us.

ぜひ時間を割いていただき、皆さんの考えていること、提案したいことをお聞かせください。

🔁 We would appreciate it if you could offer your insights and suggestions.

ご見識とご提案をいただければ幸いです。

🔁 We invite you to take a moment and convey your suggestions to us.

少しお時間をいただき、ご提案をお聞かせください。

🔁 Please invest a moment to share your valued thoughts and suggestions with us.

少々お時間をいただきますが、貴重なご意見やご提案をお聞かせください。

💬 チャットや口語でも使える関連表現

🔁 We'd love to hear your thoughts.

ぜひご意見をお聞かせください。

🔁 Feel free to share any thoughts and suggestions.

お気軽にご意見やご提案をお寄せください。

🔁 If you've any ideas or suggestions, we are all ears*.

アイデアやご提案があれば、何でもお聞かせください。

＊be all ears 熱心に耳を傾ける

結果を知らせるメール
（アイデア募集キャンペーン）

To: All staff
Subject: Idea Chest Campaign

Dear All,

Thank you for your cooperation in the "New Ideas" campaign. We had a great response with over 300 employees giving us their proposals. Some changes are minor, others are quite large-scale. We will implement the most useful contributions to drive our company's success, regardless of scale.

We are organizing a committee to decide which of these few plans we should start with. The committee members will be as follows:

Ichiro Shibata: R&D (committee head)
Frances Lewis: Marketing
Roko Saito: Operations
Eddie Lopez: Technical Design
Chika Miyamoto: Consumer Research

I expect the committee members will exchange ideas freely.

Sincerely,
Etsuko Yamamoto

企画開発部の山本さんはアイデア募集キャンペーンの結果と、募ったアイデアを形にするため、新しいチームを結成したことを伝えます。

宛先：全スタッフ
件名：アイデア募集キャンペーン

各位、

「新しいアイデア」キャンペーンへのご協力ありがとうございました。300人以上の社員の皆さんが提案してくださるという、素晴らしい手応えでした。小さな改変もあれば、かなり大規模な改変もあります。規模にかかわらず、会社の成功を推進するのに最も有用な提案を実行に移していきます。

委員会を組織して、これらの計画のうちどれから着手すべきかを決定します。委員会のメンバーは以下の通りです。

柴田一郎：研究開発（委員長）
フランシス・ルイス：マーケティング
斉藤ロコ：業務運営管理
エディ・ロペス：テクニカルデザイン
宮本千花：消費者調査

委員の皆さんには自由な意見交換を期待しています。

では、よろしくお願いいたします。
山本悦子

会議の議題を設定する

To: Frances Lewis, Roko Saito, Eddie Lopez, Chika Miyamoto
Subject: Implementing Change

Dear team,

I would like to hear your opinions on how to proceed with the project. <u>₁It is important to choose the best approach.</u> We have several options on the table:

Immediate: This method offers cost savings by making all changes at once. However, it has more operational risks.

Pilot Programs: This is a careful but expensive approach. It will allow us to slowly test and analyze each program.

Phased: We can gradually roll out* big changes, minimizing risks, and controlling costs.

We are open to* other ideas not listed above.

I hope to have a meeting to discuss each approach. <u>₂Your ideas are vital in helping us make an informed decision.</u>

Many thanks,
Ichiro Shibata

アイデア募集キャンペーンで実行委員長に選ばれた柴田さんは、会議を設定するため、他のメンバーに議題を提示します。

宛先：フランシス・ルイス、斉藤ロコ、エディ・ロペス、宮本千花
件名：変革の実行

チームの皆さん、

どのようにプロジェクトを進めるか皆さんの考えをお聞きしたいと思います。①最善のアプローチを選択することが大切です。私たちにはいくつかの選択肢があります。

即実施：この方法は、全ての変更を一度に行うことでコスト削減が可能です。しかし、運用上のリスクが大きくなります。

実証実験：これは慎重ではありますが、費用のかかる方法です。各プログラムをゆっくりとテストし、分析することができます。

段階的展開：大きな変化を徐々に展開し、リスクを最小限に抑え、コストを抑制できます。

上記以外のアイデアも積極的に取り入れます。

ミーティングを開き、それぞれのアプローチについて話し合いたいと思っています。②私たちが十分な情報を得た上で決断を下すためには、皆さんのアイデアが不可欠です。

よろしくお願いします。
柴田一郎

＊roll out ～ （新しい事業や商品など）を展開する
＊be open to ～ ～を進んで取り入れる、受け入れる

175

⇄ 言い換えフレーズ

①

It is important to choose the best approach.
最善のアプローチをすることが大切です。

⇄ It is significant to select the best option.

最良の選択肢を選ぶことが重要です。

⇄ It is crucial to approach this the right way.

これには正しい方法でアプローチすることがとても重要です。

⇄ It is important to choose the proper method.

適切な方法を選択することが大切です。

💬 チャットや口語でも使える関連表現

⇄ Let's choose the best option.

最善の選択肢を選びましょう。

⇄ We have to opt for the best choice.

私たちは最良の選択を選ばなければなりません。

⇄ 「（新しい事業や商品など）を展開する」
    roll out
    release
    launch
    bring to market

⇄ 「～を進んで取り入れる、受け入れる」
    be open to ～
    be willing to (accept) ～
    (accept) ～ with an open mind

2

Your ideas are vital in helping us make an informed decision.

私たちが十分な情報を得た上で決断を下すためには、皆さんのアイデアが不可欠です。

⮂ Your ideas are extremely important in helping us make an educated choice.

皆さんの考えは、私たちが賢明な選択をする上で非常に重要です。

⮂ Your ideas are critical in helping us make an informed selection.

皆さんの考えは、私たちが十分な情報に基づいた選択をする上で極めて重要です。

⮂ Your ideas are pivotal in helping us make an experienced decision.

皆さんのアイデアは、私たちが経験を踏まえた決断を下す上で極めて重要です。

💬 チャットや口語でも使える関連表現

⮂ Your ideas are heavy-duty* to make a decision.

皆さんのアイデアは決断を下すのに重宝しています。
　*heavy-duty 重大な

⮂ Your ideas have a critically important aspect to make a decision.

皆さんのアイデアには決断を下すのに決定的な、重要な側面があります。

⮂ Let's get informed before acting.

行動する前に情報を得ましょう。

社内行事を知らせる

To: All employees
Subject: Spring Picnic

Dear All,

We are pleased to announce that we are meeting our improvement goals so far this year. ①<u>We want to reward your hard work</u>, so we are holding a spring company picnic for you. Details of the event are below:

Date: May 23
Time: 10:00 A.M. – 4:00 P.M.
Location: Sakura Park

Blankets, sun umbrellas, food, and drinks will be supplied by the company. You only have to bring yourself! ②<u>Please do not miss this great chance to meet people from all over the firm.</u> We expect a big turnout*, so we hope to see you there. Look for updates on the HR department's "event" webpages.

Sincerely,
Hiroki Takahashi
General Affairs Department

従業員参加のピクニックを開催することになりました。総務部の高橋さんがピクニックについてのお知らせをします。

受取人：全従業員
題名：春のピクニック

従業員の皆さん、

本年度は、これまでのところ改善目標を達成していることをお知らせいたします。❶ 私たちは、皆さんの熱心な働きに報いたいと思い、春の社内ピクニックを開催します。詳細は下記の通りです。

開催日：5 月 23 日
時間：午前 10 時～午後 4 時
場所：サクラ公園

膝掛け、日傘、食べ物、飲み物は会社が用意します。持ち物はご本人のみです！ ❷ 会社中の人と知り合えるこの絶好の機会をお見逃しなく。多くのご参加を期待しており、そこで皆さんと会えることを願っています。人事部の「イベント」ウェブページで最新情報を確認してください。

よろしくお願いします。
高橋宏樹
総務部

＊turnout 出席者

❶

We want to reward your hard work.

私たちは、皆さんの熱心な働きに報いたいと思います。

⇄ We want to reward your efforts.

私たちは皆さんの努力に報いたいと思います。

⇄ We want to show our appreciation for your work.

私たちは皆さんの働きに感謝の意を表したいと思います。

⇄ We want to recognize your achievement.

私たちは皆さんの功績を評価したいと思います。

💬 チャットや口語でも使える関連表現

⇄ We're going to reward you.

皆さんを報奨します。

⇄ We're going to compensate you.

私たちは皆さんに報酬を与えるつもりです。

⇄ 「会社中の（さまざまな部署の）人」

people from all over the firm
all sorts of company staff
coworkers from various divisions
staff from every department

❷

Please do not miss this great chance to meet people from all over the firm.

会社中の人と知り合えるこの絶好の機会をお見逃しなく。

⮂ Please do not overlook this great chance to meet coworkers from various divisions.

いろいろな部署の同僚に会えるこの絶好のチャンスを見逃さないでください。

⮂ Please do not pass up this great opportunity to meet staff in various departments.

いろいろな部署のスタッフに会えるこの絶好の機会を見逃さないでください。

⮂ Please do not let this great chance slip to encounter staff from every department.

各部署のスタッフと出会えるこの絶好のチャンスを逃さないでください。

💬 チャットや口語でも使える関連表現

⮂ You'll get a great chance to meet various workers.

いろいろな従業員と知り合う絶好のチャンスがあるでしょう。

⮂ You'll seize* an excellent opportunity to meet all kinds of staff.

全てのスタッフと出会う絶好のチャンスをつかむでしょう。

＊seize（好機など）をとらえる、つかむ

手伝いを頼む

To: All employees
Subject: Call for Volunteers

Dear All,

We have had a large number of people confirming their attendance at the spring company picnic next month. ①We are glad that the estimated attendance exceeds our expectations. ②We are now calling for volunteers to help set up the event. We particularly need assistance in:

- Food and drink pickup (from caterer) and delivery to the picnic
- Blanket and sun umbrella pickup and delivery
- Cleanup (during and after the event)

Any staff who wants to assist should go to the GA Department* webpage and complete an online volunteer application. Your help would be greatly appreciated.

We look forward to a great time at this event.

Sincerely,
Hiroki Takahashi

総務部の高橋さんは、社内ピクニックの実施スタッフです。運営のボランティアを社内から募るため、従業員にメールを送ります。

受信者：全従業員
題名：ボランティア募集

従業員の皆さん、

来月開催される春の社内ピクニックについて、多くの方から出席の承認をいただいています。❶予想以上の参加者がいてうれしく思います。❷現在、イベントの準備運営のボランティアを募集しています。特に以下のお手伝いが必要です。

・（ケータリング業者からの）飲食物の受け取り、ピクニック会場への搬出
・膝掛けと日傘の受け取りと搬出
・後片付け（イベント中とイベント後）

手伝いを希望するスタッフは、総務部のウェブページからオンライン・ボランティア申込書に記入してください。ご協力をお願いいたします。

このイベントで楽しい時間を過ごせることを楽しみにしています。

よろしくお願いします。
高橋宏樹

＊GA (General Affairs) Department　総務部

①

We are glad that the estimated attendance exceeds our expectations.

予想以上の参加者がいてうれしく思います。

....

⇄ We are glad that the estimated attendance surpasses our targets.

出席予定者が目標を上回ったことをうれしく思います。

....

⇄ We are pleased that the estimated participants are better-than-expected*.

参加予定者が予想を上回ったことをうれしく思います。

*better-than-expected 「予想を上回る」という形容詞として使われている。higher-than-expected も同様。

....

⇄ It is a pleasant surprise that the attendance exceeded our predictions.

出席者が私たちの予測を上回ったことはうれしい驚きです。

💬 チャットや口語でも使える関連表現

⇄ The number of participants is more than I expected.

参加者の数が予想より多いです。

....

⇄ We're delighted by the higher-than-expected turnout.

予想以上の参加者数に喜んでいます。

❷

We are now calling for volunteers to help set up the event.

現在、イベントの準備運営のボランティアを募集しています。

🔁 We are now looking for volunteers to help us set up the event.

現在、イベントの準備運営のボランティアを募集しています。

🔁 We are now seeking volunteers to help us hold the event.

現在、イベント開催にご協力いただけるボランティアを募集しています。

🔁 We are now demanding volunteers to assist us in executing the event.

現在、イベントの実施を手伝ってくれるボランティアを求めています。

💬 チャットや口語でも使える関連表現

🔁 Please help us out to start the event.

イベントの開始にご協力ください。

🔁 We need your help to carry out the event.

私たちはイベントを実行するためにあなたの助けが必要です。

🔁 We need people to volunteer for the event.

イベントのボランティアを募集しています。

人事異動を知らせる

To: Yuichi Suzuki
Subject: Internal Transfer

Dear Yuichi Suzuki,

I am emailing you today to discuss an important business update. My name is Nathan Johnson, and I am from the Human Resources Department. I wanted to inform you of a management decision to transfer you to our Singapore office. ❶The catalyst* for this decision is that we are looking to strengthen our business in Asian countries.

With this relocation comes a new title in the company. You will become the Asia Pacific Regional Manager. ❷We believe that you are the most eligible employee for this position. If this is acceptable to you, we will have you move to Singapore on January 1. If you have any questions regarding this change, please feel free to contact me.

Best Regards,
Nathan Johnson

人事部のジョンソンさんは、社員の鈴木さんにシンガ
ポール支社への異動を伝えます。

宛先：鈴木裕一
件名：人事異動

鈴木裕一さん、

本日は、業務上の重要な最新情報をお知らせするためにメールをして
います。私は人事部のネイサン・ジョンソンです。あなたをシンガポー
ル支社に転動させるという経営上の決定をお伝えしたいと思います。
❶この決定のきっかけは、当社がアジア諸国での事業を強化しようと
していることです。

この異動に伴い、社内で新たな役職が設けられます。あなたにはアジ
ア太平洋地域マネジャーに就任していただきます。❷われわれは、あ
なたがこのポジションに最もふさわしい社員であると考えています。
もし受け入れ可能であれば、１月１日にシンガポールに移動していた
だきます。この変更に関して質問があれば、遠慮なく私に連絡してくだ
さい。

どうぞよろしくお願いします。
ネイサン・ジョンソン

＊catalyst （行動などの）きっかけ

❶

The catalyst for this decision is that we are looking to strengthen our business in Asian countries.

この決定のきっかけは、当社がアジア諸国での事業を強化しようとしていることです。

⇄ The driving force for this decision is that we are seeking to enhance our business in Asian countries.

この決定を推進したのは、アジア諸国でのわれわれの事業強化のためです。

⇄ The motivation for this decision is that we are proceeding to our business in Asian countries.

この決断の動機は、アジア諸国でわれわれの事業を進めるためです。

⇄ The engine for this decision is that we want to boost our business in Asian countries.

この決断の原動力は、われわれがアジア諸国での事業を強化したいからです。

💬 チャットや口語でも使える関連表現

⇄ The reason is that we want to beef up* business in Asia.

その理由は、われわれがアジアでのビジネスを強化したいからです。

*beef up ～ ～を強化する、増強する

❷

We believe that you are the most eligible employee for this position.

われわれは、あなたがこのポジションに最もふさわしい社員であると考えています。

⟳ We believe that you are the most suitable worker for this situation.

われわれは、あなたがこの状況に最も適した従業員であると考えています。

⟳ We believe that you are the most qualified member for this post.

われわれは、あなたがこのポストに最もふさわしい人材であると考えています。

⟳ We believe that you are the most acceptable staff for this area.

われわれは、あなたがこの地域で最も好ましいスタッフだと考えています。

💬 チャットや口語でも使える関連表現

⟳ You're a perfect fit for this.

あなたはこのポストにぴったりです。

⟳ You're the best one to match our requirements for this.

あなたはこのポストの要件に最もふさわしい人材です。

⇄ 「～を強化する」

strengthen
enhance
boost
beef up

書類提出を促すフレーズ

Do not miss the deadline for your cost estimates today.

今日の費用見積もりの締め切りに遅れないようお願いします。

. . . .

The deadline for your research report is today.

調査報告書の締め切りは本日です。

. . . .

Please draw up* a plan within a week.

1週間以内に計画書を作成してください。

　*draw up ~（計画など）を作成する

. . . .

Please do not forget to submit the quote today.

見積書は本日忘れずに提出してください。

. . . .

Your annual review is expected today. Please submit it promptly.

年次報告の締め切りは本日です。速やかに提出してください。

. . . .

Your financial report is required today. Just make sure it's submitted on time.

会計報告書は本日の提出を求められています。期限内に必ず提出してください。

経費精算を申請するフレーズ

I am sending my reimbursed expenses for this month with the receipts.

今月分の立替経費を領収書と一緒に送ります。

I included the cost of transportation in my report, along with receipts.

領収書を添付の上、交通費を報告書に記載しました。

I added the books and subscription expenses to my monthly report.

月次報告書に書籍および定期購読費用を追加しました

In this report, you'll see the cost of the trip along with receipts.

この報告書には、出張費が領収書とともに記載されています。

My work expenses report covers all the travel costs this month.

私の仕事の経費報告書には、今月の出張費用が全て記入されています。

I attached the entertainment expenses in my report with receipts.

報告書に交際費の領収書を添付しました。

休暇を申請するフレーズ

Can I have a two-day break next week?

来週2日間の休暇をいただけますか。

I would like to request a leave of absence next week. Would that be possible?

来週の休暇申請をお願いしたいのですが、それは可能ですか。

I have attached the leave of absence application for your review.

休暇申請書を添付しましたので、ご確認ください

I would like to submit a request for a paid leave of absence.

有給休暇の申請をしたいのですが。

I am writing to request a personal day off to visit my family.

家族に会いに行くため、有給休暇を申請します。

I am requesting a sick day off because I am feeling unwell.

体調が悪いので、病欠の申請をお願いします。

Chapter 7
知っておきたい
フレーズ

日本語のメール文と同じように、英語のメール文にもさまざまな場面で決まり文句があります。それらのフレーズを応用して、表現のバリエーションを増やしていきましょう。

用件の前に一言

相手の様子を気遣う

I trust this message finds you well

お元気でお過ごしのことと存じます。

I hope this message finds you well.

お元気でお過ごしだと思います。

季節のあいさつ

Warm greetings to you as the spring sun shines pleasantly.

春の日差しが心地よい季節となりました。

I trust you are enjoying the season's leisure and warmth.

この季節のレジャーと暖かさを楽しんでおられることと思います。

It is reported that the heat wave is continuing day after day in your country. I hope everyone is doing well.

あなたの国でも連日猛暑が続いていると報道されていますが、皆様お元気でいらっしゃると思います。

Warmest wishes for a wonderful winter season! May it be filled with love and laughter.

素晴らしい冬のシーズンになりますように！ 愛と笑いに満ちた冬になりますように。

英語のメールでは「お世話になっております」のような言葉はなく、すぐに用件を伝えてもかまいません。でも、何か一言添えたい時には次のようなフレーズがあります。

年末のあいさつ

Wishing you a year filled with new chances, new adventures, and new beginnings.

新たなチャンス、新たな冒険、新たな始まりに満ちた1年になりますように。

Thanks for your support this year.

本年はご支援いただきありがとうございました。

I wish you a happy new year.

よいお年をお迎えください。

Looking forward to more success together next year.

来年も、より大きな成功をご一緒できることを楽しみにしています。

新年のあいさつ

Thank you for your dedication, and I eagerly anticipate our shared achievement.

ご尽力ありがとうございます。共に成功することを楽しみにしています。

We are excited about completing the project this year.

今年はプロジェクトが完成することを楽しみにしています。

Looking forward to celebrating our success together.

私たちの成功を共にお祝いできることを楽しみにしています。

返信を求める

必ず返信が欲しい

Please respond to this email accordingly and I will update the schedule.

スケジュールを更新しますので、このメールにご返信ください。

. . . .

I want your response to update the schedule. 💬

スケジュールを更新するため、ご回答をお願いします。

. . . .

Could you please respond to me as quickly as you can? 💬

できるだけ早くご返信いただけますか。

. . . .

I know you are busy, but please check the following matters and reply to me.

お忙しいとは思いますが、以下の件につきまして、ご確認の上、返信をお願いします。

. . . .

Please read and respond to the following message by 10:00 A.M. on April 5. 💬

4月5日の午前10時までに、以下のメッセージを読んで返信をお願いします。

⚠ Note

一度送ったメールの返信を催促する場合は、件名に "Reminder" をつけるとよいでしょう。

例 Reminder: Fund management meeting on December 8

　（ご確認：12月8日の資産運用会議）

返信の必要性は用件によって異なります。相手に「必ず」「〜までに」と求める場合もあれば、「いつでも対応します」という姿勢を見せるために返信する場合もあります。

▌返信の期待を伝える

We look forward to your positive reply.

前向きなご返事をお待ちしております。

. . . .

I look forward to hearing back from you soon.

近いうちにご返事いただけることを楽しみにしております。

. . . .

I hope that you can come back to us with a positive reply to this offer.

この提案に前向きなご返事をいただけることを願っています。

▌問い合わせがあれば連絡してほしい

If you have any questions, please do not hesitate to contact me.

ご質問がございましたら、遠慮なくご連絡ください。

. . . .

Please reach out to me if there is anything you would like me to elaborate on.

詳しい説明が必要なことがございましたら、どうぞお知らせください。

. . . .

Please feel free to let me know if there are details you'd like to address moving forward.

今後取り組みたい点がございましたら、遠慮なくお知らせください。

納期や締め切りの遅れ

遅れを伝える

We are sorry to inform you that we are unlikely to be able to deliver on schedule.

申し上げにくいのですが、予定通りに納品できそうにありません。

We regret to inform you that we may not be able to meet the deadline.

申し訳ありませんが、期限に間に合わない可能性があります。

Given the current situation, we anticipate a delay of at least one week.

現状を考慮すると、少なくとも 1 週間遅れる見込みです。

It seems unlikely that we will be able to finish on schedule because we are short-staffed at the moment.

現在、人手不足のため、予定通りに終わりそうにありません。

対応策を伝える

We are committed to submitting all of your orders by the end of this week.

今週中にご注文を全て納品することをお約束します。

PO 2035-AP will be guaranteed to be delivered on September 10.

発注番号 2035-AP は、9 月 10 日に必ずお届けいたします。

納期や締め切りの遅れは、わかった時点ですぐに関係各所に連絡しなければなりません。遅れへの対応策を伝えることも大切です。

遅れに対応する

Thank you for contacting us regarding the delay.

納期の遅れについてご連絡ありがとうございました。

We understand that the delivery date will be delayed.

納品日が遅れる旨、承知しました。

Is there any way you can complete it by September 10 at the latest?

遅くても9月10日までに完成させていただくことはできませんか。

Would you be able to send us the order number 2035-AP first?

発注番号2035-AP分だけでも先に送っていただけませんでしょうか。

We will try to make some adjustments as well.

こちらでも調整してみます。

I am afraid that the shipping date won't work for us. Unfortunately, we will have to cancel the order.

申し訳ありませんが、その発送日では間に合いません。残念ですが、注文をキャンセルさせていただきます。

新任・異動・退職などのあいさつ

新任・着任した

I just arrived from the Boston office.

ボストン支社より異動してきました。

I would like to inform you that I have been assigned as the general manager of the Marketing Division.

このたび、マーケティング部の部長を命じられましたことをご報告させていただきます。

Hi, I am Yukiko Kawakami, the new face you may have seen in the R&D Section. 💬

こんにちは、研究開発部門で見かけたことがあるかもしれませんが、私は川上由紀子といいます。

Today is my first day at the Power Speed Soft Co. 💬

今日がパワー・スピード・ソフト社での初日です。

I am excited to start my new position at Power Speed Soft Co.

パワー・スピード・ソフト社の新しいポジションで仕事を始めることが楽しみです。

I hope that I can count on your help.

皆さんのお力をお借りできればと思います。

異動や転職で職場が変わるときは、新しい職場のスタッフへのあいさつ、これまでお世話になった人へ、報告とともに今後の意気込みや感謝の気持ちを伝えましょう。

▌異動・退職する

I will be transferred to the Boston office as of May 1.

5月1日付でボストン支社に異動することになりました。

I would like to announce to you that I will be leaving Kaito Tool Co. as of March 31.

私は3月31日をもってカイト・ツール社を退職することをご報告いたします。

I would like to thank you for your support over the last three years.

この3年間のご支援に感謝申し上げます。

It has been a pleasure working with you.

あなたとお仕事をご一緒できて、とても楽しかったです。

I sincerely hope to have the opportunity to work with you again.

またあなたとお仕事をご一緒できる機会があることを心より願っています。

▌後任を伝える

Mr. Kazuki Tanaka will take over for me.

田中和樹が私の後任を務めます。

My replacement will be Mr. Kazuki Tanaka.

私の後任は田中和樹です。

食事会やパーティーを行う

食事会に誘う

How about having a lunch gathering with new members sometime soon?

近いうちに、新しいメンバーとランチ会をしませんか。

I am thinking of having a lunch meeting sometime soon. 💬

近いうちにランチミーティングをしたいと思っているのですが。

What do you think about inviting Ms. Kawakami, the new member, for a meal together?

新任の川上さんを誘って食事会をするのはどうでしょうか。

It will be a good opportunity to get to know each other better.

お互いの親睦を深める良い機会になるでしょう。

New team members can meet each other. 💬

新しいチームメンバーの顔合わせです。

If you have any recommendations for a good restaurant, please let me know.

おすすめのレストランがあれば教えてください。

Please let me know a convenient date for everyone.

皆さんの都合の良い日をお知らせください。

部署やチームのメンバーでランチミーティングや小規模な
食事会を開くほか、取引先を招く大規模なパーティーを行
うこともあります。

■ 食事会の誘いに応じる

That sounds good to me.
いいと思います。

I would like to attend.
ぜひ参加したいです。

Is it okay to invite Mr. Perry from the Sales Department to join?
営業部のペリーさんにも声をかけていいですか。

I would prefer a 12:30 start on Wednesday. 💬
水曜日の 12 時 30 分スタートがいいのですが。

Lunchtime will be crowded, so why don't we meet at 1:00? 💬
ランチタイムは混雑するので、1 時にしませんか。

I have meetings until 12:00 on that day, so I would appreciate it if we could start at 12:30.
その日は 12 時まで会議があるので、12 時 30 分から始められたらありがたいのですが。

I have a busy schedule that day, so it would be helpful if we could meet near the office.
その日は予定が詰まっているので、会社の近くだと助かるのですが。

We would be honored if you could attend the celebration of our company's 10th anniversary.

弊社の 10 周年記念式典にご出席いただければ光栄です。

We are hosting a professional gathering and would be honored to have you there.

専門家の集まりを開催する予定で、あなたにご参加いただければ光栄です。

Let's gather for a business luncheon. Your presence will add value to the discussion.

ビジネスランチに集いましょう。あなたのご参加によって議論がより価値のあるものになるでしょう。

Join us for a networking event to connect and collaborate!

私たちの交流会に参加してネットワークを広げませんか！

The party will start at 7 P.M. and will go on until 10 P.M.

パーティーは午後 7 時に始まり、10 時まで続きます。

The party will take place at the Capital Hotel located at 321 Green Street.

パーティーはグリーン通り 321 のキャピタル・ホテルで開催されます。

Please come and leave anytime you like.

お好きな時間にご参加、ご退場ください。

It is a casual party, so come as you are.

カジュアルなパーティーなので、普段着でお越しください。

Chapter 8
SMS やチャットの やりとり

ショートメッセージやチャットを使ったやりとりでは、簡潔でスピーディな表現が適しています。また、やりとりの相手との関係性によっては、遠慮なくストレートに要求を伝えることもできます。

会議に遅れることを伝える

▶ Charles Kirke: CEO / Chiyo Shibata: Kirke's assistant

Charles Kirke

My flight just arrived at the airport, so I can't arrive on time for the 8:00 A.M. meeting today.
飛行機が空港に着いたばかりなので、今日の 8 時の会議には間に合いません。

Chiyo Shibata

I see. Do you want us to delay the meeting by an hour or so?
了解です。会議を 1 時間ほど遅らせましょうか。

No, just go ahead and start with a review of last week's meeting.
いいえ、先に先週の会議のレビューから始めていてください。

Got it.
わかりました。

By the time I get there, the group should be ready for this week's projects.
私が着く頃には、今週のプロジェクトについて話す準備ができているようにしてください。

Certainly. We'll discuss it when you arrive.
承知しました。到着されたら話し合いましょう。

緊急の依頼をする

▶ Charles Kirke: CEO / Chiyo Shibata: Kirke's assistant

Charles Kirke

Chiyo, I need something done urgently.
チヨさん、緊急にやらなければならないことがあります。

Sure, go ahead.
了解です、どうぞ。

Chiyo Shibata

I couldn't come to a meeting with James Reichert.
ジェームズ・ライカート氏とのミーティングに行けませんでした。

Oh, I'm sorry to hear that.
それは残念です。

That's not all. I got a text that he's going to fly back to Toronto this afternoon. I want you to keep calling him and asking him to wait at the airport for me.
それだけではなくて。彼は午後にはトロントに飛行機で戻るというメッセージを受け取りました。あなたには、彼に繰り返し電話して、空港で私を待っていてくれるよう頼んでほしいのです。

Okay, I'll start calling him right now.
わかりました、今すぐ彼に電話します。

Thanks. I'm counting on you.
ありがとう。あなたのことを頼りにしています。

厳しいお願いをする

▶ Chiyo Shibata: Kirke's assistant / James Reichert: the client

Chiyo
Shibata

Hi, Mr. Reichert, do you have a moment?
ライカートさん、少しよろしいですか。

Certainly.
もちろんです。

James
Reichert

I left you a couple of voicemails*. I want to apologize if we haven't met your expectations.
何度か留守番電話を入れました。ご期待に添えなかったのであればおわび申し上げます。

It's no problem. I'll be boarding a flight back to Toronto.
構いません。どちらにせよトロントに戻る飛行機に乗りますから。

That's what we'd like to discuss. My boss, Charles Kirke, is on his way to see you at the airport. He'd like to continue our conversations.
そこでご相談です。私の上司のチャールズ・カークがあなたに会いに空港に行くところです。彼は私たちの話（交渉）を続けたいと申しております。

こちらの不手際などが原因で相手に厳しいお願いをしなければならないこともあります。おわびの気持ちを伝えながら相手が納得するようにやりとりしなければなりません。

James Reichert

I don't want to miss my flight.
飛行機に乗り遅れたくないのですが。

Chiyo Shibata

Why not reschedule? Mr. Kirke assures you that the meeting will be worth your time.
予定を変更しませんか？　この会合はあなたが時間を割くだけの価値があるとカークは保証しています。

It had better be. Okay, I'll go ahead and reschedule.
そうでしょうね。わかりました、予定を変更します。

Thank you very much.
本当にありがとうございます。

＊leave ～ (a) voicemail(s)　～に留守番電話のメッセージを残す、音声メッセージを残す

To: James Reichert
Subject: Apology

Hi Mr. Reichart,

I wanted to contact you and apologize. It seems possible that we haven't met your expectations, and for that, I am deeply sorry. I have left you a few voicemails, but I haven't heard back yet so I am sending this email. I would like to discuss the possibility of you meeting my boss, Charles Kirke. He is on his way to see you at the airport.

Mr. Kirke would like to continue our conversations in person. I understand that this may cause an issue with your flight plans. If this is the case, I would like to kindly ask you to reschedule for a later date. Mr. Kirke assures you that this meeting will be worth your time. I hope this is acceptable to you. I look forward to speaking with you again.

Sincerely,
Chiyo Shibata

宛先：ジェームズ・ライカート
件名：おわび

こんにちは、ライカート様、

おわびを申し上げたく、ご連絡させていただきました。私どもがあなたのご期待に添えなかった可能性があり、深くおわび申し上げます。何度かメッセージを残しましたが、まだお返事がないので、このメールを送らせていただいています。私の上司であるチャールズ・カークに会って話し合っていただけないでしょうか。彼はあなたに会うために空港に向かっております。

カークは直接お目にかかって話を続けたいと考えています。このことで、あなたの飛行計画に問題が生じるかもしれないことは理解しています。もしそうであれば、後日に予定を変更していただきたく存じます。カークは、このミーティングがあなたの時間を費やすに値するものであることを保証しています。ご納得いただければ幸いです。またお話できることを楽しみにしております。

どうぞよろしくお願いいたします。
柴田チヨ

I am sorry for the misunderstanding.

誤解してしまい申し訳ありません。

I really regret what happened.

起きてしまったことを本当に後悔しています。

I didn't mean to cause trouble.

問題を起こすつもりではありませんでした。

I owe you an apology.

あなたに謝らなければなりません。

I feel really bad about this.

この件は本当に申し訳ないと思っています。

I should have known better.

もっとよく知っておくべきでした。

I take full responsibility for my actions.

私は自分の行動の全責任を取ります。

I will make it up to you.

その埋め合わせをいたします。

I hope you can find it in your heart to forgive me.

お許しいただけることを願っています。

お礼を伝える

▶ Charles Kirke: CEO / Chiyo Shibata: Kirke's assistant

Charles
Kirke

Good news, Chiyo. We closed the deal with Mr. Reichert.

チヨさん、いいニュースです。ライカートさんとの契約が成立しました。

That's wonderful.
それは素晴らしいですね。

Chiyo
Shibata

We couldn't have done it without you. Thanks so much for convincing Mr. Reichert to wait at the airport.

あなたなしではできませんでした。空港で待っていてもらえるよう、ライカートさんを説得してくれて本当にありがとう。

It was nothing. I only did what I was supposed to.

大したことではありません。やるべきことをやっただけです。

No, you were excellent. We're glad to have you on our team.

いいえ、あなたは素晴らしかったです。あなたがチームにいてくれてよかったです。

Thanks, Mr. Kirke.
ありがとうございます、カークさん。

To: Chiyo Shibata
Subject: Thanks

Dear Chiyo,

I am emailing you today to give you a heartfelt thank you for all of your excellent work. Because of you, we were able to close the deal with Mr. Reichert. Since you called him and urged him to stay at the airport, I was able to meet him. We met in our company's airport VIP lounge to discuss the terms of the agreement.

We conceded on a couple of terms, but ultimately, we succeeded. I am very happy with this outcome, and we could not have done this without you. You did a perfect job, and we are very glad to have you on our team. Keep up the great work.

Thanks again,
Charles Kirke

宛先：柴田チヨ
件名：お礼

チヨさん、

今日はあなたの素晴らしい仕事ぶりに心からお礼を伝えたくてメール
しました。あなたのおかげで、ライカートさんとの契約を成立させるこ
とができました。あなたが彼に電話をかけ、空港に留まるよう説得して
くれたおかげで、私は彼に会うことができたのです。私たちは会社の
空港 VIP ラウンジで会い、契約条件について話し合いました。

双方いくつかの条件で譲歩しましたが、最終的には成功しました。こ
の結果にはとても満足していますし、あなたがいなければ成し遂げら
れなかったでしょう。あなたは完璧な仕事をしてくれましたし、チーム
にいてくれてとてもうれしく思います。これからも素晴らしい仕事を続
けてください。

あらためて本当にありがとう。
チャールズ・カーク

感謝を伝えるスタンダードな表現

I appreciate it.
感謝いたします。

I am grateful.
感謝しています。

感謝を伝えるフォーマルな表現

I appreciate your support.
ご支援に感謝いたします。

Your assistance is valued.
ご助力いただきありがたいです。

Thank you for your time.
お時間をいただきありがとうございます。

Your input is essential.
あなたのご意見は不可欠です。

I am grateful for your efforts.
ご尽力に感謝いたします。

Your partnership is appreciated.
ご協力に感謝いたします。

休暇前のあいさつ

▶ Charles Kirke: CEO / James Reichert: the client

Charles Kirke

Hi, Mr. Reichert. I just want to take a moment to wish you happy holidays.

こんにちは、ライカートさん。休暇を楽しんでくださいと伝えたくてご連絡しました。

The same to you. It seems our deal is working out well so far.

あなたも。今のところ取引はうまくいっているようですね。

James Reichert

It is. I hope the new year brings us success.

そうですね。新しい年が私たちに成功をもたらしますように。

I feel the same way. By the way, thanks for the food gift bag your company sent to us. All of the office staff here enjoyed it. They look forward to your visiting us here next year.

私も同じ気持ちです。ところで、御社から送っていただいた食品詰め合わせのギフト、ありがとうございました。オフィススタッフ全員が楽しみました。来年もあなたのお越しを楽しみに待っています。

I look forward to it as well. Again, Happy Holidays.

私も楽しみにしています。あらためて、楽しい休暇を。

You too.

あなたもね。

To: James Reichert
Subject: Happy Holidays

Dear Mr. Reichert,

How are you doing, my friend? I wanted to email you and wish you a very happy holiday. I am very pleased with how our deal is working out so far. I hope this new year brings success and good fortune to us both. I hope you received the gift bag of food that my company has sent to you as it's the least that we could do. Please be sure to share it with your staff.

I am looking forward to visiting you and your employees next year. I hope that you have a good start to your new year and that our deal continues to do well. If there is anything that I can do for you, please contact me.

Best Regards,
Charles Kirke

宛先：ジェームズ・ライカート
件名：楽しい休暇を

ライカート様、

その後お元気ですか。休暇のごあいさつをお伝えしようとメールを差し上げました。これまでのところ、私たちの取引がうまくいっていることに非常に満足しています。この新しい年が私たち両方に成功と幸運をもたらすことを願っています。心ばかりのものですが、当社からお送りした食品詰め合わせのギフトを受け取っていただければ幸いです。ぜひスタッフの皆さんとも共有してください。

来年も貴社の皆様をお訪ねするのを楽しみにしています。貴社が新年に良いスタートを切れること、私たちの取引が引き続き順調に進むことを願っています。私に何かお手伝いできることがありましたら、ぜひご連絡をください。

どうぞよろしくお願いいたします。
チャールズ・カーク

取引先に価格交渉を打診する
Unit 03 Chat Version ①

▶ Walter Perry: sales manager at Elitecoast Trading Co.
Kenji Sato: sales representative at Midori Trading Co.

Walter Perry

I want to **run something by** you on Japanese beef.
和牛のことで、あなたのご意見を聞きたいのですが。

Like what? Different types?
例えば？ いろいろな種類の和牛ということですか？

Kenji Sato

Yes. Kobe, Matsusaka, and Omi.
ええ、神戸牛、松阪牛、それに近江牛です。

Go on.
続けてください。

Could you **get** us **to** 6% below market price?
市場価格より6パーセント安く販売していただくことはできますか。

That's a big **request**, but shoot me the details.
それは大変なご依頼です、とりあえず詳細を送ってください。

① run something by ～

～の意見を聞く

A: What are you going to discuss today?

B: I want to run an idea by you about data management.

A: 今日は何を話し合うのですか。
B: データ管理について君のアイデアを聞きたいんだ。

② go on

続ける、詳しく説明する

A: I have an idea about cutting supplies costs.

B: Go on. I'd love to hear about it.

A: 備品コストの削減についてアイデアがあるのですが。
B: 続けてください。ぜひ聞いてみたいです。

③ get to ～

～で売る、～で提供する、～で行動する

A: This fabric is selling at $1.25 per square meter.

B: If you can get us to $1.00, you've got a deal.

A: この布地は 1 平方メートルあたり 1.25 ドルで販売しています。
B: 1 ドルで売ってくれるなら、取引成立です。

④ request

依頼

It's a big request to suggest the company expand employee parking.

従業員用の駐車場の拡張を会社に提案するのは大きな要求です。

契約条件を詰める
Unit 03 Chat Version ②

▶ Kenji Sato: sales representative at Midori Trading Co.
Walter Perry: sales manager at Elitecoast Trading Co.

Kenji Sato

I think that we're close to a deal on Japanese beef. However, we can't go lower than a 4.75% discount.

日本産牛肉の取引成立はもうすぐですね。でも、4.75 パーセント割引より安くできませんよ。

Walter Perry

Sorry, that's a ①**no-go**. The bosses here won't ②**budge from** a 6% discount. You understand the opportunity in volume, right?

申し訳ないけど、それは無理ですね。うちの上層部は 6 パーセント引きを譲りません。大量取引のチャンスだとは理解していますよね？

We do and appreciate it. But I've done everything I can on price. Can't you give us a little ③**wiggle room**?

ええ、それには感謝しています。でも、価格に関してはできる限りのことをしました。少し融通してもらえませんか。

Please go back to your C-level one more time and come back with a ④**sweetener**.

もう一度そちらの経営陣に掛け合って良い条件を出してください。

I'll do what I can, but I can't promise anything.

できることはやりますが、何も約束はできませんよ。

① **no-go**

不可能なこと、禁じられていること

It's a no-go to overcharge the client for any reason.

どのような理由でも、クライアントに過剰な請求をするのは禁物です。

② **budge from ～**

（考えや方針）を変える

The government won't budge from its 7% tax assessment on our properties.

政府は、私たちの物件に対する課税査定を7パーセントから変更しようとしません。

③ **wiggle room**

譲歩、妥協、許容。何かを行うのに別の方法で行うように調整する余地ということ。

A: Is there any wiggle room on attendance at this meeting?

B: No, the boss says everyone has to come.

A: この会議への出席について融通してもらえる余地はあるかな？
B: いや、ボスは全員出席だって言ってるよ。

④ **sweetener**

行動ややる気を促すもの。ビジネス上の取引や提案において、付加価値や魅力を与える要素や相手に有利な取引条件のことを表す。

Free shipping is a common sweetener in business deals.

無料配送は、ビジネス上の取引でよく使われる魅力的な要素です。

CPI Japan（シーピーアイ ジャパン）

株式会社 CPI Japan は 2010 年の設立で、代表は酒見暢康。TOEIC®、TOEFL®、英検®、大学入学共通テストなどの英語模擬試験問題の執筆および教材開発などに特化し、アメリカとイギリス在住のネイティブライターが執筆を担当している。本社はアメリカ・ダラスにある CPI USA。問題作成した主な出版物は『最短合格！ 英検® 準 1 級 リスニング問題完全制覇』『最短合格！ 英検® 準 1 級 リーディング問題完全制覇』（ジャパンタイムズ出版）など多数。英会話スクール向けに教材も提供しており、ビジネス英会話集や英単語例文集などを開発。

今回の英文執筆に参加したライターは Vince, Meredith, Craig, Kisha の 4 人。全員アメリカ在住で、日常的によく使う生きたフレーズを取り上げた。

監修：熊木秀行　　翻訳：南 敦子

新定番 メールの英語フレーズ 1000

2024 年 2 月 20 日　初版発行

編　者	CPI Japan
	© CPI Japan, 2024
発行者	伊藤 秀樹
発行所	株式会社ジャパンタイムズ出版
	〒 102-0082
	東京都千代田区一番町 2-2　一番町第二 TG ビル 2F
	ウェブサイト https://jtpublishing.co.jp/
印刷所	日経印刷株式会社

ISBN978-4-7890-1869-2　Printed in Japan

本書のご感想をお寄せください。
https://jtpublishing.co.jp/contact/comment/